SOUS-COMMISSION D'ÉTUDES
D'ASSAINISSEMENT DE LA VILLE DE ROUEN

# RAPPORT

SUR

# L'ASSAINISSEMENT DE LA VILLE DE ROUEN

PAR

## M. GUILLEMIN

DIRECTEUR DU SERVICE DE SANTÉ DU III<sup>e</sup> CORPS D'ARMÉE

ET

## M. BELLEVILLE

INGÉNIEUR DES PONTS ET CHAUSSÉES

———— ❖ ————

Rapport fait au nom d'une Commission composée de : MM. le Docteur Guillemin,
Président; le Docteur Jude Hûe, Secrétaire: Fouray, Haraucourt, François Hûe,
Barthélemy, Hector Lambard, Belleville, Le Plé, Giraud, Lacointe et Lefort. —
Secrétaire-adjoint : M. G. Lamain.

*Adopté par la Sous-Commission dans sa séance du 12 décembre 1891.*

ROUEN

IMPRIMERIE JULIEN LECERF

1892

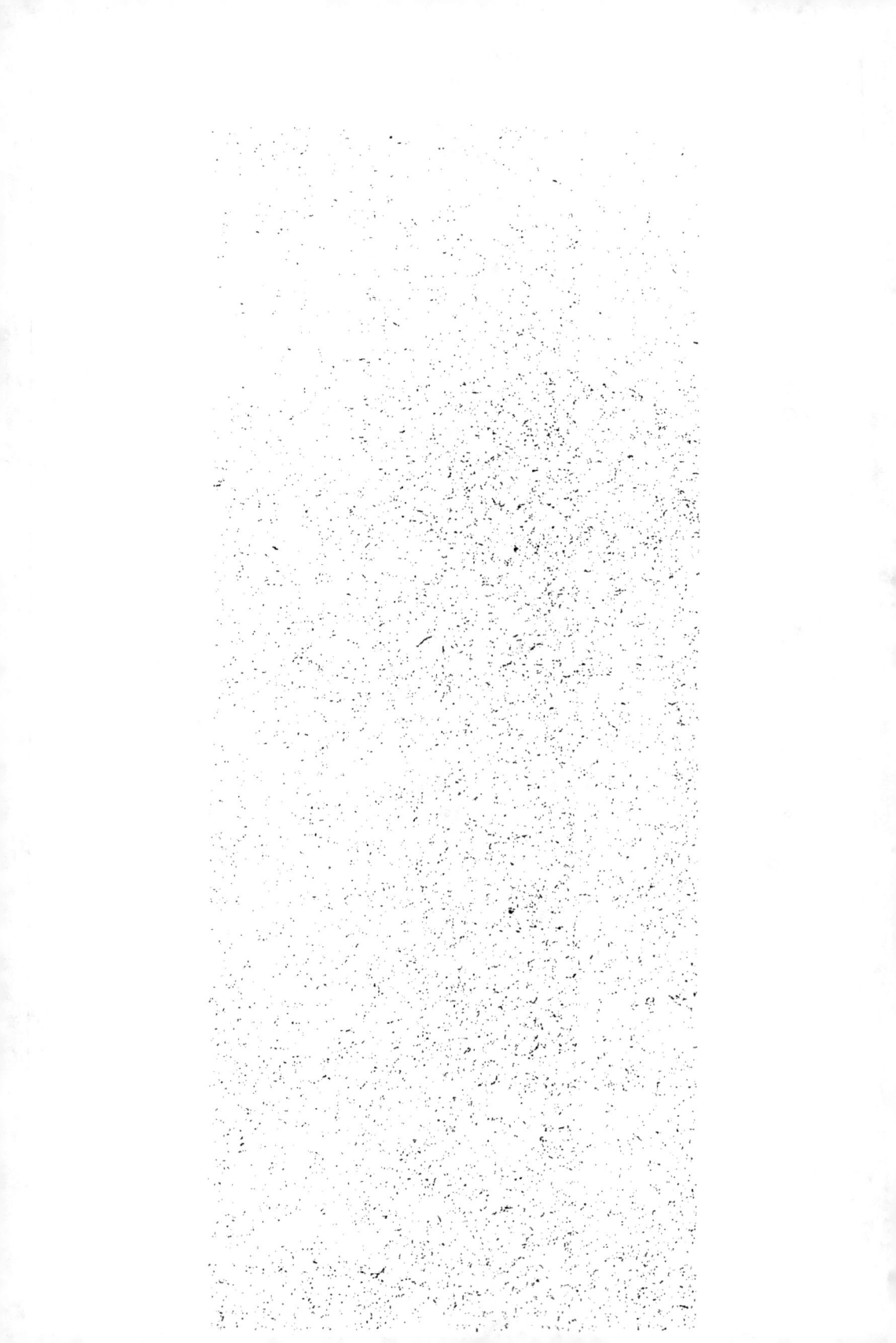

# RAPPORT

SUR

## L'ASSAINISSEMENT DE LA VILLE DE ROUËN

———————

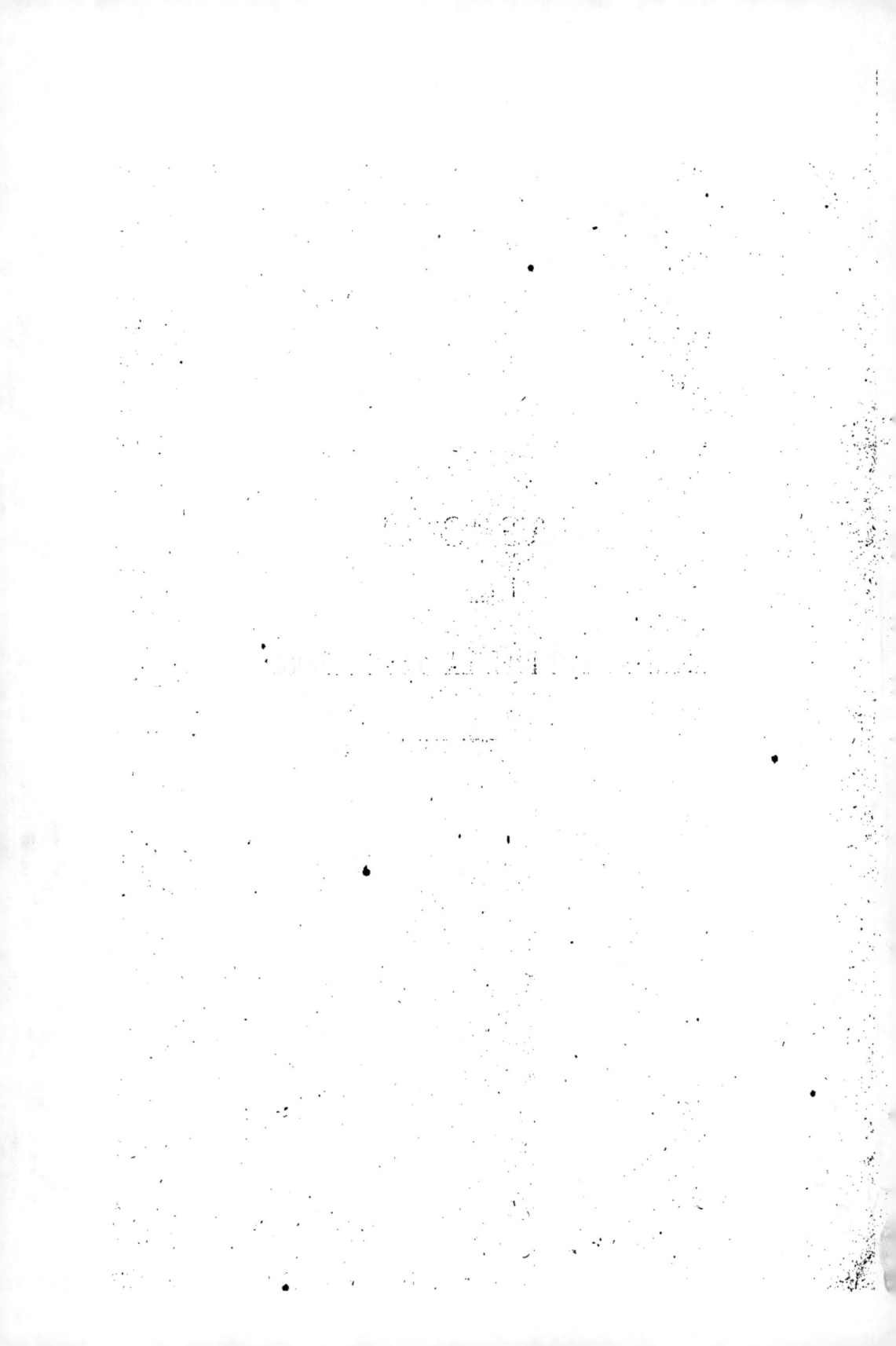

SOUS-COMMISSION D'ÉTUDES

D'ASSAINISSEMENT DE LA VILLE DE ROUEN

# RAPPORT

SUR

# L'ASSAINISSEMENT DE LA VILLE DE ROUEN

PAR

## M. GUILLEMIN

DIRECTEUR DU SERVICE DE SANTÉ DU III° CORPS D'ARMÉE

ET

## M. BELLEVILLE

INGÉNIEUR DES PONTS ET CHAUSSÉES

———◆◆◆———

Rapport fait au nom d'une Commission composée de : MM. le Docteur **Guillemin**, Président; le Docteur **Jude Hüe**, Secrétaire; **Fouray, Haraucourt, François Hüe, Barthélemy, Hector Lambard, Belleville, Le Plé, Giraud, Lacointe** et **Lefort.** — Secrétaire-adjoint : M. **G. Lamain.**

*Adopté par la Sous-Commission dans sa séance du 12 décembre 1891.*

ROUEN

IMPRIMERIE JULIEN LECERF

1892

# AVANT-PROPOS

Depuis une dizaine d'années, quelques-uns des Membres du Conseil municipal de Rouen ont, à plusieurs reprises, attiré l'attention de cette Assemblée sur l'insalubrité de la ville et sur la nécessité de prendre des mesures pour en améliorer l'état sanitaire.

C'est ainsi que, dans la séance du 4 août 1882, M. Levillain faisait remarquer que les épidémies sont fréquentes à Rouen, et que, le chiffre de la mortalité y étant plus élevé que dans beaucoup d'autres villes, il importait de ne pas rester indifférent en présence d'une situation aussi inquiétante.

Il déclarait que, depuis des siècles, le sol de la ville était imprégné d'immondices de toutes sortes, et que, pour en effectuer l'assainissement, tout était à refaire.

M. Levillain concluait en demandant que des mesures fussent prises pour arrêter la propagation des maladies épidémiques et contagieuses.

L'année suivante, dans la séance du 24 août 1883, le regretté docteur Duménil, dans un rapport relatif à la création d'un bureau d'hygiène, attirait de nouveau l'attention du Conseil sur le taux excessif de la mortalité à Rouen et mettait sous ses yeux les tableaux de la mortalité annuelle depuis l'année 1850 jusqu'à l'année 1882, c'est-à-dire pendant 33 ans.

La mortalité moyenne annuelle pendant cette période s'élevait à 34,40 pour 1,000.

Pour faire la part des épidémies dans le taux de la mortalité, M. Duménil, mettant d'un côté les années à épidémies,

au nombre de 15, et de l'autre, les années sans épidémies, au nombre de 18, constatait que, dans la première
série, la mortalité moyenne annuelle avait été de 35,97 pour
1,000 et, dans la deuxième série, de 33,11 pour 1,000. La différence entre les unes et les autres était donc seulement de 2,86
pour 1,000.

S'étant proposé de connaître si les travaux de percement de
la rue Jeanne-d'Arc, de la rue Thiers et de quelques rues adja-
centes avaient eu une influence sur la salubrité de la ville,
M. Duménil trouvait, pour la période de 1850 à 1865, date de
l'achèvement de ces travaux, une mortalité de 34,18, et, pour
la période postérieure à ces travaux, c'est-à-dire de 1865 à
1883, une mortalité de 35,15.

La mortalité avait donc augmenté après l'exécution de
grands travaux qui, cependant, avaient eu pour but principal
l'assainissement de la ville. M. Duménil donnait de ce résultat,
en apparence paradoxal, l'explication suivante :

« On ne s'est occupé que de la surface et l'on a négligé le
» sous-sol ; on a cherché à améliorer la voirie, et l'on n'a pas
» songé aux déchets de la population, qui ont continué à
» infecter le sol et à contaminer l'air. Les villes qui sont
» arrivées à diminuer leur mortalité ont obtenu ce résultat
» surtout par des travaux de canalisation, et nous sommes
» conduits à cette conviction qu'un bon réseau d'égouts, un
» système convenable de vidanges, une large distribution
» d'eau, sont plus profitables à la salubrité publique que de
» grands boulevards bordés de palais. »

On eût pu s'attendre à voir le docteur Duménil conclure en
demandant l'exécution des travaux d'assainissement que
nécessitait l'état de la ville ; mais il ne jugea pas le moment
venu, et se borna à demander la création d'un bureau d'hygiène, proposition qui fut d'ailleurs repoussée par le Conseil.

Enfin, M. le docteur Jude Hüe, dans la séance du Conseil

municipal du 6 août 1886, après avoir exposé à grands traits
l'état de la ville au point de vue de l'hygiène et de la salubrité
publiques, proposa la nomination d'une Commission extra-
municipale ayant pour mission de rechercher les causes de la
mortalité à Rouen et de « s'enquérir (nous citons les termes
» mêmes de la proposition) si l'une des principales ne serait
» point le mauvais état de l'air que nous respirons, souillé
» par les détritus et les fermentations de la vie ».

La proposition de M. Jude Hüe fut prise en considération
et, par un arrêté du 8 novembre suivant, M. le Maire de Rouen
constituait une Commission spéciale dite d'assainissement.

Cette Commission se divisa en trois Sous-Commissions
chargées d'étudier :

La première, les causes de la mortalité à Rouen ;

La deuxième, les conditions de salubrité qui se rattachent
aux habitations ;

La troisième, la question des égouts et des fosses d'aisances.

Après avoir discuté les rapports qui lui furent soumis sur
ces différentes questions, la Commission d'assainissement
vota en séance générale un certain nombre de conclusions
dont les plus importantes étaient celles par lesquelles elle
demandait l'achèvement du réseau des égouts suivant un plan
d'ensemble, ainsi que l'amélioration des égouts existants ; la
prohibition du dépôt direct des ordures ménagères sur la voie
publique ; l'autorisation pour les propriétaires d'établir la
vidange à l'égout dans certaines conditions déterminées, et
enfin la prévision, dans le plan d'assainissement, d'un champ
d'épuration par le sol, d'une superficie de 300 à 400 hectares.

C'est à la suite des conclusions de cette Commission que le
Conseil municipal, dans sa séance du 22 juillet 1887, approuva
un arrêté de M. le Maire de Rouen, attribuant à l'Autorité
municipale le droit d'accorder aux propriétaires l'autorisation,

à titre révocable, de déverser à l'égout les produits des cabinets d'aisances de leurs immeubles.

Dans la même séance, le Conseil mettait à la disposition de M. le Maire une somme de 5,000 francs, destinée à permettre à M. l'Ingénieur-Voyer d'établir un plan d'ensemble d'assainissement de la ville de Rouen.

Si l'on en excepte les autorisations, à titre révocable, du déversement à l'égout des matières de vidanges, aucune des autres mesures proposées par la Commission d'assainissement de 1887 ne fut mise en pratique ; la plupart de ces mesures étaient cependant excellentes et auraient pu, sans grandes dépenses, recevoir une application immédiate ; quelques-unes d'entre elles, en particulier celle qui concerne la prévision de terrains d'épuration, impliquaient l'exécution d'un plan complet d'assainissement.

Il ne nous appartient pas de rechercher pour quelles raisons il n'a pas été donné suite aux propositions formulées par nos devanciers ; mais nous avons reçu mission de reprendre et de continuer leurs études, et nous nous efforcerons de démontrer que l'œuvre d'assainissement dont ils avaient jeté les bases est *indispensable* ; nous montrerons qu'elle est *possible*, et nous ferons connaître quels sont, dans notre opinion, les meilleurs moyens de la réaliser.

Les raisons qui en démontrent l'indispensable nécessité avaient été déjà développées, en 1887, soit dans le rapport de la troisième Sous-Commission, rédigé par un homme qui fait autorité en matière d'hygiène, M. le docteur Vallin, soit dans les communications de M. le docteur Jude Hüe au Conseil municipal ; ces raisons n'ont rien perdu de leur valeur ; nous ne pouvons mieux faire, pour essayer de porter la conviction dans les esprits, que de les reprendre et de les développer.

# CHAPITRE I<sup>er</sup>.

## Situation de la ville de Rouen au point de vue sanitaire.

Le moyen le plus exact, nous pourrions dire le seul moyen qu'on ait trouvé jusqu'à présent pour mesurer la salubrité d'une ville, c'est la constatation de sa mortalité moyenne pendant un certain nombre d'années, et la comparaison de cette mortalité avec celle d'un certain nombre d'autres villes.

Voici quelle a été, depuis quarante ans, la mortalité de la ville de Rouen :

D'après les renseignements recueillis par MM. Duménil et Jude Hüe, elle oscillait, de 1850 à 1886, entre 33 et 35 pour 1,000.

En 1886, elle a été de......... 33,6.
En 1887,     —    ......... 35,5.
En 1888,     —    ......... 33,59.
En 1889,     —    ......... 30,63. (1)
En 1890,     —    ......... 33,25.

Il résulte de ces renseignements que le taux de la mortalité est resté à peu près stationnaire à Rouen depuis 40 ans, en d'autres termes, que depuis l'année 1850, la ville de Rouen n'a pa vu s'améliorer son état sanitaire.

Si maintenant on compare sa mortalité avec celle d'un certain nombre d'autres grandes villes, soit de France, soit de l'étranger, on constate que Rouen dépasse toutes les autres, sans même en

---

(1) L'abaissement du taux de la mortalité en 1889 est tout à fait exceptionnel et n'a pas pu être expliqué ; il n'a pas été spécial à la ville de Rouen ; on l'a observé dans la plupart des grandes villes, non-seulement en France, mais aussi à l'étranger.

En 1889, la mortalité du Havre a été de 26,47 ; celle de Marseille, de 28,76 ; celle de Londres, de 17,39.

(*Statistique de la ville de Rouen*, année 1889, par le docteur Panel.)

excepter le Havre et Marseille, villes dont le renom d'insalubrité est pourtant légendaire.

Les résultats consignés dans le tableau suivant ne sont pas absolument comparables, les périodes qui ont servi à établir les moyennes de mortalité n'étant pas les mêmes pour toutes les villes que nous y avons fait figurer ; mais les renseignements qu'il contient sont néanmoins d'une très-grande importance, surtout si l'on tient compte de ce fait que l'écart est considérable entre la plupart des chiffres de mortalité qui y sont consignés et ceux des trois villes de Rouen, le Havre et Marseille.

## TABLEAU COMPARATIF

### DE LA MORTALITÉ DANS UN CERTAIN NOMBRE DE GRANDES VILLES.

| VILLES. | Population. | Mortalité p. 1000. |
|---|---|---|
| Amsterdam . . . . . | 350.202 | 24.30 |
| Anvers. . . . . . | 190.000 | 25.00 |
| Berlin . . . . . . | 1.190.659 | 26.40 |
| Hambourg. . . . . | 426.418 | 24.80 |
| Liège . . . . . . | 129.207 | 22.80 |
| Londres . . . . . | 4.000.000 | 20.40 |
| Marseille . . . . . | 360.099 | 32.00 |
| Paris . . . . . . | 2.240.000 | 26.30 |
| Rotterdam. . . . . | 162.139 | 23.50 |
| Rouen. . . . . . | 106.196 | 33.60 |
| Le Havre . . . . . | 112.074 | 32.00 |
| Amiens . . . . . | 80.288 | 24.00 |
| Reims . . . . . . | 97.903 | 30.00 |
| Lyon . . . . . . | 401.930 | 22.00 |
| Bruxelles . . . . . | 471.606 | 21.50 |
| Glascow . . . . . | 528.144 | 24.00 |

Pour l'année 1890, la mortalité de Marseille a dépassé celle de Rouen, qui, à son tour, a continué à être plus élevée que celle du Havre, ainsi que le montrent les chiffres suivants[1] :

Marseille . . . . . . . . . . 34.48

Rouen. . . . . . . . . . . 33.25

Le Havre. . . . . . . . . . 32.80

On s'est efforcé de trouver à la mortalité excessive de la ville de Rouen des causes n'ayant aucun rapport avec l'insalubrité; on en a accusé, sans produire aucune statistique précise, la misère, l'alcoolisme, l'alimentation défectueuse des enfants du premier âge et la diarrhée infantile, etc., etc.; mais à qui fera-t-on croire que ces différentes causes soient spéciales à la ville de Rouen ? A qui persuadera-t-on que l'alcoolisme et la misère y exercent plus de ravages que dans les grandes villes du nord de l'Allemagne ou de l'Angleterre, telles que Berlin, Hambourg, Londres ou Glascow, etc... ? Or, la mortalité oscille à Rouen entre 33 et 31 pour 1,000, tandis qu'elle est de 26 à Berlin, de 24 environ à Hambourg et à Glascow, et de 20 à Londres.

Sur quelles preuves s'appuie-t-on pour prétendre que l'alimentation des enfants du premier âge est plus défectueuse à Rouen que dans la plupart des autres grandes villes de France et de l'étranger? Si les enfants du premier âge y meurent en plus grand nombre qu'ailleurs, ne peut-oh pas soutenir avec quelque apparence de raison que c'est précisément parce qu'ils y sont soumis, comme tout le reste de la population, aux causes d'insalubrité du milieu dans lequel ils vivent ?

Tout cela n'est véritablement pas sérieux et ne mérite pas qu'on s'y arrête davantage. Aussi croyons-nous devoir maintenir sans hésiter l'assertion que nous avons émise au début de ce chapitre :

« Le critérium le plus certain de la salubrité d'une ville, c'est sa mortalité. »

---

1. *Statistique de la ville de Rouen*, année 1890, par le docteur PANEL.

## CHAPITRE II.

### Des causes d'insalubrité de la ville de Rouen.

Les causes d'insalubrité sont assez visibles, assez évidentes à Rouen pour qu'il n'y ait pas lieu de s'étonner beaucoup du taux excessif de sa mortalité.

Ces causes d'insalubrité, on les trouve dans le sol, dans les habitations, sur la voie publique, dans les égouts, dans la rivière, dans les dépôts d'immondices et les dépotoirs qui entourent la ville, dans les cimetières, partout en un mot.

### 1° *Les fosses fixes.*

On estime à environ 15,000 le nombre des fosses fixes existant actuellement dans la ville de Rouen.

Il n'y a pas bien longtemps encore, la fosse à fond perdu était pour ainsi dire la seule connue; mais, en 1883, un arrêté du Maire de Rouen, qui ne faisait d'ailleurs que rappeler des arrêtés antérieurs dont il n'avait jamais été tenu compte, établit que toute fosse de construction nouvelle serait rendue étanche, et que les fosses à fond perdu seraient transformées en fosses étanches la première fois qu'on serait obligé d'en faire la vidange.

On estime que, depuis cet arrêté, 5,000 fosses environ ont été soit établies, soit transformées conformément à ces prescriptions.

On se figure sans peine ce que doit être l'infection du sol sous les maisons d'une ville où depuis des siècles on a fait usage, d'une manière continue, de la fosse à fond perdu. Peut-être nous dira-t-on qu'il en est de même dans bien des villes; nous ne faisons nulle difficulté de le reconnaître, mais nous en concluons tout simplement que ces villes ont, tout comme Rouen, besoin d'être assainies.

La fosse étanche ne vaut d'ailleurs pas beaucoup mieux, à notre avis, que la fosse à fond perdu, attendu que, si elle a l'avantage de ne pas causer l'infection du sol, elle a, par contre, l'inconvénient de s'opposer à l'usage de l'eau dans les water-closets et à l'adaptation d'obturateurs hydrauliques aux tuyaux de chute, c'est-à-dire qu'elle ne permet pas d'empêcher toute communication entre les gaz de la fosse et l'atmosphère de l'intérieur de l'habitation.

La fosse à fond perdu, au contraire, permet à la rigueur l'interception par siphon et l'emploi des chasses d'eau, qui sont des moyens de protection contre les effets de l'infection ; les propriétaires n'ont pas le même intérêt que ceux qui ont des fosses étanches à s'opposer à l'usage libéral de l'eau dans les water-closets ; il leur importe peu que les liquides versés dans la fosse soient en plus ou moins grande quantité, puisque ces liquides sont entièrement absorbés par le sol et que les frais de vidange n'en sont pas augmentés.

Il faut ajouter d'ailleurs que la fosse étanche est beaucoup plus rare qu'on ne pense ; en supposant, en effet, qu'elle soit étanche au moment où elle vient d'être construite, elle cesse le plus souvent de l'être au bout d'un certain temps, que ce soit par suite de dégradations spontanées ou de dégradations provoquées.

En résumé, la fosse à fond perdu *produit l'infection* du sol ; la fosse étanche, lorsque son étanchéité est réelle, ce qui n'est pas commun, il faut bien l'avouer, *prévient cette infection;* mais l'une et l'autre, par les émanations qui s'en exhalent et dont il est impossible de se garantir autrement que par une interception hydraulique adaptée aux tuyaux de chute, ont pour résultat de souiller l'atmosphère intérieure des habitations.

## 2° *Les puisards.*

Après les fosses où s'accumulent les matières de vidanges viennent les puisards ou bétoires dans lesquels se rendent et séjournent les eaux ménagères de la maison ; ce sont encore des sortes de fosses, presque toutes à fond perdu, dont les parois absorbent plus ou moins bien et plus ou moins rapidement les eaux infectes qui s'y déversent; elles ont absolument les mêmes conséquences que les fosses d'aisances : infection du sol par les infiltrations, infection de l'air par les émanations. Encore à l'époque actuelle, beaucoup de maisons de Rouen déversent leurs eaux ménagères dans ces puisards et n'ont pas d'autres moyens à leur disposition.

### 3° *Les puits.*

Il existe encore à Rouen un grand nombre de puits alimentés par une nappe souterraine.

L'eau de ces puits, souillée par des infiltrations venant des fosses, des puisards et même de la voie publique, est absolument impropre à la boisson et aux usages alimentaires.

Un arrêté du Maire de Rouen, en date du 20 novembre 1884, a bien interdit de faire usage de l'eau de ces puits pour la fabrication du pain, des eaux gazeuses, du cidre, et le coupage de toutes les boissons ; mais on comprendra sans peine qu'il est bien difficile de faire respecter cet arrêté.

En fait, il n'en est tenu aucun compte. D'après un renseignement donné par M. Gogeard, sur 103 boulangers il n'y en avait, en 1888, que 31 qui fussent abonnés aux eaux de la Ville ; tous les autres se servaient d'eau de puits ou de citerne pour la fabrication du pain.

### 4° *Les habitations.*

L'insalubrité des maisons de Rouen ne tient pas uniquement à la présence des fosses et des puisards.

Beaucoup de maisons n'ont pas de puisards et déversent leurs eaux ménagères, les unes, et c'est le plus grand nombre, au ruisseau, les autres directement à l'égout ; dans l'un comme dans l'autre cas, ce déversement se fait dans les conditions les plus défectueuses au point de vue de l'hygiène : les conduits et caniveaux ne peuvent pas être convenablement lavés, et la pose d'appareils à interception hydraulique (siphons) n'étant pas obligatoire, il n'en existe presque dans aucune maison ; il en résulte que rien n'empêche le reflux, dans l'habitation, de l'air chargé des émanations malsaines provenant, soit de l'égout mal construit, mal entretenu et mal lavé, soit de caniveaux aussi défectueux que l'égout et où s'accumulent forcément, par suite du défaut de pente et de l'absence de chasses d'eau, des matières éminemment putrescibles.

L'insalubrité de la maison, lorsqu'elle est générale, comme à Rouen, suffirait à faire préjuger celle de l'agglomération urbaine ; mais les causes d'infection dont il nous reste à parler ont une influence non moins néfaste que celles qui tiennent à l'habitation même, et c'est de l'ensemble de toutes ces conditions défectueuses que résulte l'insalubrité de la ville de Rouen.

### 5° *La voie publique.*

La voie publique est souillée, à Rouen :

1° Par les eaux ménagères qui coulent dans les ruisseaux et, bien souvent, y restent longtemps stagnantes, surtout dans les rues dépourvues de pente ;

2° Par les caniveaux sous trottoirs, d'une construction si défectueuse qu'il est impossible de les nettoyer et d'en extraire la vase infecte qui s'y accumule ;

3° Par les ordures ménagères qui, déposées directement sur le sol de la rue où elles séjournent pendant toute la nuit et une partie de la matinée, sont étalées et dispersées par le passage des voitures, les chiffonniers et les chiens, et ne sont enlevées ensuite que d'une manière très-incomplète ;

4° Enfin par les déjections des animaux qui parcourent les rues ou séjournent sur les places de stationnement des voitures.

### 6° *Les égouts.*

Les égouts eux-mêmes, dans l'état où ils sont actuellement, constituent une cause d'infection par les défectuosités de leur construction et surtout des radiers. La plupart des égouts actuels ont, en effet, une pente insuffisante et un radier plat : ils ne sont pas nettoyés ou le sont d'une manière tout à fait imparfaite. Des odeurs infectes s'échappent des bouches d'égout où, dans certains quartiers, on projette toutes sortes d'immondices qui, n'étant pas entraînées, entrent en putréfaction sur place.

Enfin, à marée haute, il existe encore, pour les égouts des rues aboutissant à la Seine, une autre cause d'infection, c'est le refoulement et la stagnation des eaux-vannes; cette stagnation a pour conséquence la formation de dépôts constitués par les matières tenues en suspension dans les eaux d'égout; comme il n'y a pas de chasses, ces dépôts persistent, les matières entrent en fermentation et donnent lieu à la production de gaz méphitiques qui s'échappent par les regards et les bouches d'égout et pénètrent jusque dans les maisons par les branchements, non siphonnés, destinés à l'écoulement des eaux ménagères.

Pour que les égouts ne constituent pas une cause d'insalubrité, il est indispensable que les matières qui y sont projetées soient toujours rapidement entraînées et que les égouts eux-mêmes soient maintenus dans le plus grand état de propreté, sinon par des lavages permanents, ce qui n'est pas possible, au moins par des lavages efficaces et renouvelés à de fréquents intervalles, c'est-à-dire par des chasses d'eau.

Les rivières de Robec et d'Aubette, déjà infectées lorsqu'elles arrivent à la ville, reçoivent, dans leur parcours intérieur, le produit des latrines et les eaux ménagères de toutes les maisons qui les bordent; ce sont des égouts à ciel ouvert où se pratique le tout à l'égout avec déversement en Seine.

L'Hospice-Général envoie toutes ses déjections à un ruisseau qui se rend à l'Aubette.

### 7° La rivière.

Actuellement, les eaux de tous les égouts de la ville se déversent en Seine; elles ne contiennent, il est vrai, qu'une partie des matières de vidange, mais n'en valent pas, pour cela, beaucoup mieux; il est, en effet, bien prouvé aujourd'hui que la différence n'est pas très-grande, au point de vue de la souillure, entre les eaux d'égout qui reçoivent les matières de vidange et celles qui en sont exemptes.

Quelque considérable que soit le débit moyen de la Seine à Rouen, il n'en est pas moins certain que le déversement dans ses eaux du contenu des égouts d'une ville de plus de 100,000 habitants, doit être considéré comme une cause puissante d'infection. Que les eaux de la Seine soient déjà souillées à leur arrivée à Rouen, cela est possible et n'est pas contesté, mais ce n'est pas une raison pour qu'il soit indifférent de les souiller encore davantage.

Il ne faut pas oublier que les eaux d'égout, même lorsqu'elles ne contiennent pas les matières de vidange, renferment nécessairement des germes infectieux ; ces germes seront dilués dans une énorme quantité d'eau, cela est très-vrai, mais ils ne seront pas pour cela anéantis; les germes se conservent et pullulent dans l'eau, et c'est dans ces germes, bien plus que dans les matières organiques contenues dans les eaux d'égout, que réside le danger.

On ne boit pas, il est vrai, l'eau de la Seine à Rouen; mais, d'abord, la populeuse commune de Sotteville n'en a pas d'autre, et sa prise d'eau n'est pas si loin en amont qu'elle ne puisse être souillée ; quant aux riverains d'aval, il n'est pas bien certain qu'ils s'en abstiennent d'une manière absolue ; d'autre part, il se fait, surtout à marée basse, sur les bords du fleuve, des dépôts de vase et de détritus provenant des matières charriées avec les eaux d'égout ; des germes peuvent s'y déposer également, se répandre dans l'atmosphère et devenir dangereux.

Il y a pour la ville de Rouen une circonstance aggravante, c'est l'existence des marées. Deux fois en vingt-quatre heures, les eaux du fleuve, souillées par toutes les eaux d'égout, sont refoulées par le flot et séjournent, immobiles pendant plusieurs heures, devant les quais.

### 8° *Les dépotoirs.*

Deux vastes dépotoirs sont situés à proximité de la ville, l'un au Trou-d'Enfer, l'autre à l'entrée de la forêt du Rouvray, au voisinage de la route d'Elbeuf. Les matières de vidange y sont accumulées en

2

quantité considérable ; elles sont étalées dans des bassins bordés de banquettes en terre, où elles séjournent longtemps, c'est-à-dire jusqu'à ce que, par l'évaporation, elles aient pris assez de consistance pour être d'un transport facile ; on les vend alors comme engrais.

Ces matières, indépendamment des odeurs pestilentielles qu'elles répandent à une grande distance tout autour des dépotoirs, constituent un milieu de culture excellent pour tous les germes pathogènes qu'elles renferment ; ceux-ci, lorsque survient la période de dessiccation, se répandent dans l'air ; ils sont entraînés, par les vents, dans toutes les directions ; personne, il est vrai, ne peut savoir où ils tombent ni ce qu'ils deviennent, mais ce n'est pas s'aventurer beaucoup que de supposer qu'un grand nombre de maladies, dont on ne parvient pas à déterminer la filiation, en sont la conséquence.

### 9° *Les dépôts d'ordures ménagères.*

Ces dépôts, qu'on trouve en différents points des quartiers excentriques et sur le territoire même de la ville, notamment le long de la rue de Lyons-la-Forêt et dans le voisinage de la rue de Constantine, contribuent, aussi bien que les dépotoirs, à répandre l'infection et à disséminer les germes morbides tout autour d'eux dans un rayon dont il est difficile d'apprécier l'étendue.

Si l'on ne peut pas les supprimer, il serait du moins nécessaire de les reléguer le plus loin possible des lieux habités.

## CHAPITRE III.

### Moyens qu'il faut employer
### pour réaliser l'assainissement de la ville de Rouen.
### Le système du tout à l'égout.

Comme on l'a vu par l'exposé qui précède, on trouve, dans la ville de Rouen, des causes nombreuses d'insalubrité dont il est impossible de contester l'importance et qui suffisent bien pour rendre compte du taux excessif de la mortalité, sans qu'il soit nécessaire de chercher à l'expliquer par des causes étrangères à l'état de la ville.

Il est bien inutile de chercher à se dissimuler la gravité du mal; ce n'est pas ainsi qu'on arrive le mieux à en trouver le remède. C'est ce que le docteur Duménil exprimait, en 1883, dans la phrase suivante : « L'aveu de notre infériorité ne peut que nous être profi- » table, s'il nous conduit à y remédier ».

Une fois les causes d'insalubrité bien connues, il nous reste à indiquer les mesures à prendre pour les faire disparaître.

Parmi ces causes, une des plus importantes, c'est manifestement l'état de nos habitations et l'état du sol sur lequel elles s'élèvent; nous vivons sur un sol souillé de longue date par toutes nos déjections; nous conservons ces déjections dans nos demeures, nous en respirons incessamment les émanations; pour faire disparaître cette cause d'infection, il faut trouver le moyen de nous débarrasser, d'une manière complète et à mesure qu'elles se produisent, de toutes ces matières insalubres (eaux ménagères et matières de vidange), il faut les éliminer le plus rapidement possible, non-seulement de la maison, mais de la ville même.

Nous ne voyons, pour atteindre ce but, qu'un seul moyen, c'est l'établissement d'une canalisation étanche, ayant son origine dans la maison et se continuant sans interruption jusqu'en un point situé en dehors et à une distance suffisante de la ville, où seront déposées,

avec les eaux qui les entraînent, toutes les matières déversées dans
la canalisation ; c'est, en un mot, le système du *tout à l'égout*.

Pour que ce système fonctionne bien, toutes les dispositions
doivent être prises pour assurer rapidement le transport des eaux
d'égout, sans qu'il puisse y avoir, en aucun point, ni dans la maison,
ni en dehors de la maison, séjour prolongé ou arrêt des matières ;
il faut que, dans tous les points, aussi bien dans les branchements de la maison que dans les conduites de la voie publique, il soit
possible de faire de fréquents lavages au moyen de chasses d'eau ;
il faut enfin qu'il y ait interception absolue entre l'atmosphère de
l'intérieur de la maison et les tuyaux de chute qui déversent les
matières à la canalisation de la voie publique. Si toutes ces conditions sont bien remplies, le système réalisera certainement tout ce
qu'il est possible d'imaginer de plus simple et de meilleur pour
l'assainissement de l'habitation et de la ville.

L'établissement du *tout à l'égout* à Rouen est sans doute un gros
travail, mais c'est un travail nécessaire, indispensable même.

Le *tout à l'égout* n'en est plus d'ailleurs à faire ses preuves. Un
grand nombre de villes, surtout à l'étranger, en ont fait la base
fondamentale de leurs travaux d'assainissement. Les résultats qu'elles
en ont obtenus ont été tels qu'on ne doit plus hésiter à suivre leur
exemple.

Le tableau suivant peut en donner une idée.

### Mortalité avant et après l'établissement du tout à l'égout.

| NOMS DES VILLES. | AVANT. | APRÈS. |
|---|---|---|
| Berlin | 37 0/00 | 23 0/00, aujourd'hui 20 0/00 |
| Dantzig | 35 | 28 |
| Francfort-sur-le-Mein | 30 | 24 |
| Bruxelles | 37 | 23 |
| Cardiff | 33,2 | 22,6 |
| Newport | 31,8 | 21,6 |
| Macclesfield | 29,8 | 23,7 |

Les décès causés par la fièvre typhoïde, qui étaient à Londres, en 1868, de 33 pour 100,000 habitants, étaient tombés, en 1878, à 23.

A Bruxelles, avant la transformation du système de vidanges, les décès par fièvre typhoïde étaient de 55 pour 100,000 ; après l'exécution des travaux, ils n'étaient plus que de 12.

A Francfort-sur-le-Mein, de 1851 à 1879, la mortalité par fièvre typhoïde est tombée de 86 à 28 pour 100,000 habitants ; à Hambourg, de 39 à 25 ; il a en été de même à Dantzig et à Breslau.

On pourrait multiplier ces chiffres et citer encore bien d'autres exemples, mais il suffit de dire que, dans tous les cas, sans aucune exception, l'exécution du *tout à l'égout* a eu pour effet d'abaisser le taux de la mortalité.

A Berlin, les maisons ne sont pas encore toutes reliées à la canalisation ; or, on a constaté que les cas de fièvre typhoïde sont beaucoup plus nombreux dans les maisons non reliées à la canalisation que dans les autres. La proportion est la suivante : 1 cas sur 9 maisons non reliées; 1 cas sur 49 maisons reliées à la canalisation.

Aussi les habitants sont-ils unanimes aujourd'hui à réclamer le raccordement de leurs maisons au réseau général. C'est une dépréciation pour un immeuble de n'être point raccordé. (Rapport de M. Roux, député.)

Il ne faut pas croire que les maladies dites infectieuses soient les seules sur lesquelles les mauvaises conditions hygiéniques d'une ville puissent avoir de l'influence.

L'infection de l'air et l'infection du sol ont pour résultat de diminuer la vigueur physique et d'amoindrir la résistance aux causes de maladies, en même temps que d'aggraver ces maladies une fois produites.

C'est par là, bien plus que par la production directe des maladies infectieuses, qu'elles contribuent à augmenter le taux de la mortalité.

## CHAPITRE IV.

### L'utilisation agricole des eaux d'égout.

Le complément nécessaire du *tout à l'égout*, excepté pour les villes situées soit sur le littoral, soit à l'embouchure d'un grand fleuve, c'est l'épuration des eaux d'égout ou, mieux encore, leur utilisation agricole sur des terrains convenables et appropriés à cet usage.

On ne doit plus, en effet, penser à notre époque à se débarrasser des eaux d'égout d'une grande ville, même dans le cas où elles ne contiendraient pas les matières de vidange, en les déversant simplement à la rivière, quelque considérable qu'en soit le débit. De nombreuses raisons doivent faire rejeter cette solution pour la ville de Rouen.

D'abord, en l'adoptant, elle s'infecterait elle-même, à moins de reporter à une grande distance en aval le débouché de ses collecteurs ; dans ce dernier cas, l'infection ne serait plus pour elle, mais pour les riverains d'aval.

Ensuite, rejeter les eaux d'égout à la rivière, c'est, ainsi que le disent aujourd'hui les cultivateurs de Gennevilliers, jeter à l'eau de *l'or en barre*.

En effet, depuis l'irrigation par les eaux d'égout, le revenu de leurs terrains s'est élevé jusqu'à 4,500 francs par hectare. (J. ROCHARD. — La ville souterraine *in Encyclopédie d'hygiène*.)

« Les champs d'irrigation de Berlin, jadis arides et improductifs,
» ont été transformés, les uns en prairies magnifiques, qui donnent
» deux récoltes par an, nourrissent 600 à 700 têtes de bétail et font
» l'admiration de tous les hygiénistes qui vont les visiter, les autres
» en champs consacrés à la culture maraîchère, où les légumes et
» les arbres fruitiers réussissent à merveille. » (*Id.*)

A Dantzig, les terrains d'irrigation sont cultivés en prairies et en jardins qui produisent des fruits et des fleurs. Le terrain, qui se louait 1 franc le journal, rapporte aujourd'hui 5 fr. 10 c.

Bien d'autres exemples pourraient être cités ; tous démontrent que les eaux d'égout constituent un engrais d'une valeur incomparable ; c'est le mieux approprié à la culture maraîchère.

Dans les premiers temps qui ont suivi l'emploi des eaux d'égout pour la culture du sol, on prétendait que l'épandage avait pour effet de rendre les champs d'irrigation insalubres et d'y provoquer l'apparition de maladies infectieuses. De nombreux exemples ont, depuis cette époque, démontré la fausseté de cette allégation.

La ville de Berlin emploie, pour la mise en culture de ses champs d'irrigation, de quinze à dix-huit cents personnes dont l'état sanitaire est excellent, ainsi que celui des villages voisins. On n'y a pas constaté un seul cas de fièvre typhoïde ; les fièvres intermittentes y sont moins communes qu'avant les irrigations.

A Dantzig, la santé des habitants des villages qui bordent les terrains d'irrigation et qui y gagnent leur vie, s'est notablement améliorée ; la mortalité s'y est abaissée dans une forte proportion.

« La santé des habitants de la presqu'île de Gennevilliers n'a » jamais été plus florissante que depuis le moment où les eaux-» vannes de Paris lui ont apporté la fertilité et la richesse. » (J. Rochard, *loco citato*.)

Voici enfin l'opinion de Frankland, un des hygiénistes anglais les plus éminents :

« Il a été, dit-il, maintes fois démontré dans notre pays, que les » eaux d'égout, même infectées par le choléra et la fièvre typhoïde, » n'ont jamais, tant qu'elles sont employées en irrigation, transmis » de maladie, soit à ceux qui vivent sur les terres arrosées, soit à » ceux qui en consomment les produits, quoique, *a priori*, je » l'avoue, on soit disposé à prévoir le contraire. »

En résumé, l'irrigation avec les eaux d'égout augmente dans des proportions considérables la valeur des terrains sur lesquels on la pratique ; elle n'a pas le moindre inconvénient pour la santé des populations qui habitent à proximité de ces terrains ; elle ne rend pas dangereux les légumes ou les fruits qu'on y cultive ; nous devons ajouter enfin que, si les terrains ont été bien choisis, si la couche perméable possède une épaisseur suffisante, les eaux, après avoir traversé le sol convenablement drainé, sont devenues limpides et pures comme les meilleures eaux de source et ne contiennent plus, d'après toutes les analyses qui en ont été faites, qu'une quantité insignifiante de microbes et de germes infectieux.

---

## CHAPITRE V.

### Conséquences de l'application du tout à l'égout.

Il nous reste à énumérer d'une manière sommaire les conséquences du *tout à l'égout* et les avantages qui en résulteront pour la ville de Rouen.

Les conséquences sont les suivantes :

1° Suppression des fosses fixes, étanches ou non, et des puisards, c'est-à-dire suppression des principales *causes* de l'infection du sol et des émanations qui vicient l'air de l'intérieur des habitations.

Il est bien évident que l'infection même du sol ne pourra pas cesser du jour au lendemain et par cela seul qu'on aurait fait disparaître les fosses et les puisards ; cette infection est profonde; les causes qui l'ont amenée exercent leur action depuis des siècles, et il est à présumer qu'elle persistera longtemps encore ; mais au moins ne sera-t-elle plus entretenue et incessamment renouvelée, comme elle l'est actuellement, et ne pourra-t-elle plus contaminer l'atmosphère de l'habitation.

2° Suppression du passage et de la stagnation des eaux ménagères dans les ruisseaux de la voie publique.

3° Possibilité de faire un usage libéral de l'eau dans les cabinets d'aisances et, par suite, possibilité d'adapter aux tuyaux de chute des obturateurs hydrauliques, les seuls qui s'opposent d'une manière certaine au refoulement des gaz délétères dans l'atmosphère de l'habitation.

4° Assainissement des égouts par des lavages efficaces et fréquemment renouvelés au moyen de chasses d'eau, d'où résulte l'entraînement rapide des matières.

5° Suppression des opérations répugnantes, incommodes et coûteuses de la vidange.

6° Suppression des dépotoirs.

7° Enfin, suppression de la souillure de la rivière par les eaux d'égout, celles-ci étant envoyées en totalité sur des champs d'épandage où elles seront utilisées sans incommodité pour personne et au grand profit de l'agriculture.

En résumé : assainissement de l'habitation, de la voie publique, du sol, de la rivière, de la région suburbaine, tels sont les principaux avantages qui résulteront pour la ville de Rouen de l'adoption du *tout à l'égout* avec déversement sur des champs d'épandage. Ces raisons ont paru déterminantes à votre Sous-Commission, et elle n'a pas hésité un seul instant à vous proposer le *tout à l'égout* tel que nous venons de le définir.

Après cet exposé de principes, que nous nous sommes efforcés de rendre aussi clair que possible, nous avons à faire connaître les dispositions à adopter pour que les travaux d'assainissement soient exécutés de manière à présenter de sérieuses garanties de bon fonctionnement.

---

## CHAPITRE VI.

### Projets soumis à l'examen de la Sous-Commission.

Dans les chapitres précédents, nous avons indiqué les conditions auxquelles doit satisfaire le système du *tout à l'égout* pour réaliser l'assainissement d'une ville.

Il convient maintenant de rechercher, pour la ville de Rouen, quelle est la meilleure application qu'il soit possible de faire de ces principes.

Au début de ses travaux, la Sous-Commission était saisie de deux projets présentés, l'un par M. Gogeard, ingénieur-voyer de la Ville, l'autre par MM. Aimond et Griveaud, ingénieurs.

Le projet présenté par M. Gogeard est basé sur le *tout à l'égout* intégral, avec champ d'épandage.

Les égouts reçoivent à la fois les eaux ménagères, les matières de vidange et les eaux de la voie publique. Toutes ces eaux sont transportées au moyen d'une conduite en béton, longue de 10 kilomètres, sur des terrains situés entre Oissel et Saint-Etienne-du-Rouvray.

Les eaux des quartiers élevés de la ville, réunies par un collecteur spécial (collecteur des coteaux) dans un bassin établi à la place de l'Hôtel-de-Ville, descendent par la rue de la République dans une conduite de $0^m60$ et, après avoir franchi le pont Corneille par une double conduite de $0^m10$, gagnent par simple gravitation les terrains d'épandage.

Les eaux des quartiers bas de la rive droite sont réunis à la halle aux grains, où est placée une usine qui les élève de $13^m50$.

Les eaux de la rive gauche sont réunies sur le quai Cavelier-de-la-Salle, où une autre usine les élève de 12 mètres.

Les eaux sont ensuite réunies en totalité dans un bassin situé à la cote 12,50, à l'extrémité sud du pont Corneille, d'où une conduite d'évacuation les dirige sur les champs d'épandage.

D'après l'auteur du projet, le volume annuel des eaux des quartiers bas est de 8,800,000 mètres, et celui des eaux des quartiers hauts de 2,850,000 mètres. La quantité qu'il est possible d'évacuer sans le secours de machines serait donc d'environ 25 0/0 du total.

L'île Lacroix est, dans ce projet, laissée en dehors du système d'assainissement, en raison de sa basse altitude et de la faible densité de sa population.

La surface utilisable pour l'épandage comprend 300 hectares d'altitude variable entre les cotes 5 et 9 du nivellement général de la France; mais M. Gogeard est d'avis qu'il suffirait, pendant les premières années, de pouvoir disposer d'un champ d'épandage d'une superficie de 100 hectares, et que, d'ailleurs, les propriétaires riverains ne tarderaient pas à demander de l'eau d'égout pour leurs champs et à fournir ainsi le complément de la surface nécessaire.

M. Gogeard propose d'utiliser, après y avoir apporté les améliorations nécessaires, une partie des égouts actuellement existants ; puis il complète la canalisation par des tuyaux en grès vernissé ou en béton d'un diamètre variable, proportionnel au débit des eaux à écouler.

Cette nouvelle canalisation ne suit pas régulièrement la ligne de plus grande pente pour arriver au fleuve ; chaque artère est disposée de manière à décrire une ligne en zigzag qui emprunte alternativement une voie à forte pente et une voie à faible pente, afin que la première serve au lavage de la seconde par le seul effet de la rapidité du courant.

Le projet prévoit 330 bassins pourvus d'appareils de chasse automatiques, 1,197 regards de visite, 175 orifices d'égout disposés de manière à ne laisser passer aucun objet lourd ou volumineux susceptible de produire des obstructions.

Les rivières de Robec et d'Aubette sont affranchies des résidus de toute sorte qu'elles reçoivent aujourd'hui; M. Gogeard propose de les canaliser et de les recouvrir d'une voûte, au moins dans la partie de leur cours qui traverse des agglomérations d'habitations.

Dans un premier projet, MM. Aimond et Griveaud avaient déclaré ne pouvoir se charger que des eaux résiduaires de la maison contenant les produits des cabinets d'aisances ; ils laissaient de côté les eaux de la voie publique et les eaux de pluie.

Une canalisation spéciale amenait ces eaux résiduaires à une machine élévatoire d'où elles étaient refoulées sur un terrain d'épandage.

Les eaux pluviales et celles de la voie publique continuaient, comme aujourd'hui, à se déverser en Seine par les égouts existants.

La canalisation était faite en tuyaux de grès vernissé ; en tête de chaque ramification, des chambres de chasse, au nombre de 600, assuraient le fonctionnement de la canalisation ; des regards de visite étaient installés à toutes les rencontres de drains.

La canalisation venait se déverser, en ce qui concerne la rive droite, dans un égout collecteur de 2,400 mètres environ, construit parallèlement à la Seine pour conduire les eaux-vannes à un réservoir d'où elles étaient refoulées par des machines jusqu'à une grande usine élévatoire prévue à Saint-Sever.

Sur la rive gauche, les canalisations se rendaient directement à l'usine élévatoire. Celle-ci était chargée d'élever la totalité des eaux pour les envoyer à 5 kilomètres environ de Rouen, sur un terrain d'épandage situé au rond-point de Sainte-Lucie, présentant une couche filtrante de 5 à 6 mètres à une cote comprise entre 30 et 45 mètres.

Le choix des terrains, de même que l'emplacement des usines, n'était pas arrêté d'une manière définitive.

Les auteurs de ce projet avaient adopté le système de la double canalisation, parce qu'ils pensaient que, dans certains cas, le volume des eaux pluviales deviendrait si considérable que les machines ne pourraient pas suffire à les refouler en totalité, et qu'il en résulterait de véritables inondations dans les parties basses de la ville ; ils ne croyaient d'ailleurs pas possible l'utilisation des égouts actuels de la ville et leur rattachement au système général de la canalisation, à cause de leurs vices de construction.

Le système de la double canalisation ayant été, pour les raisons exposées plus loin, écarté par la Sous-Commission, le projet fut retiré, et M. Aimond en présenta un autre dans lequel, contrairement à sa première opinion, il reconnut la possibilité d'établir le *tout à l'égout* avec admission des eaux pluviales, à la condition d'adapter aux collecteurs des déversoirs en Seine pour les pluies exceptionnelles.

Il reconnut en outre la possibilité d'utiliser une partie des égouts existants après leur avoir fait subir certaines modifications, portant principalement sur la forme de leur radier.

Dans ce second projet, l'Aubette et Robec sont complètement affranchis, à la fois des eaux-vannes et des eaux pluviales.

L'île Lacroix est rattachée au plan général d'assainissement.

Les eaux des égouts de la rive droite et de l'île Lacroix passent sur la rive gauche au moyen d'un double siphon de 0 m 60 de diamètre.

Tel est, résumé dans ses lignes principales, ce deuxième projet, dont le texte définitif ne nous a été connu qu'après la clôture des travaux de la Sous-Commission.

M. Aimond, ayant assisté à la plupart des séances, avait pu mettre à profit, pour la rédaction de ce projet, les discussions qui ont eu lieu dans le sein de la Sous-Commission et tenir compte de ses préférences motivées dans les divers éléments de la question.

Pendant le cours de ses séances, la Sous-Commission a été saisie de deux autres projets, émanant de M. Letellier, entrepreneur de travaux publics. L'un reproduisait, avec certaines modifications de peu d'importance, le projet de M. Gogeard ; l'autre, réunissant les eaux de la rue et de la maison dans une canalisation unique, allait les déverser en Seine. Il n'y avait pas lieu de discuter longuement le premier, puisqu'il n'était, à proprement parler, que la reproduction de celui de M. Gogeard ; quant au second, il a été immédiatement écarté par la Sous-Commission, comme étant en complet désaccord avec ses principes.

Il n'était pas possible à la Sous-Commission de faire un choix entre les différents projets soumis à son examen, aucun d'eux ne lui paraissant acceptable en son entier et sans de sérieuses modifications ; ces projets, d'ailleurs, du moins ceux de MM. Aimond et Gogeard, se sont profondément modifiés au cours des discussions.

Il résulte de là que votre Sous-Commission, si elle s'en était tenue rigoureusement aux termes de la mission qui lui avait été donnée et si elle avait dû faire un choix entre ces deux projets, se fût trouvée dans l'impossibilité d'aboutir.

D'autre part, elle ne pouvait pas se borner à rédiger une consultation purement platonique sur les conditions auxquelles doivent satisfaire les travaux d'assainissement; elle a jugé dès lors que son rôle devait consister à élaborer un programme suffisamment détaillé des travaux à effectuer, en prenant dans les divers projets et quelquefois en dehors d'eux, les dispositions qui lui paraîtraient les plus acceptables et les plus avantageuses.

Elle a pensé en outre qu'il n'entrait pas dans ses attributions de s'occuper des voies et moyens financiers d'exécution des travaux ; mais que, par contre, elle avait le devoir de ne pas se désintéresser entièrement des questions de prix de revient et de présenter de préférence les solutions qui, à mérite égal, lui paraîtraient devoir être les moins coûteuses.

Dans les chapitres précédents, nous avons montré que le système du *tout à l'égout*, avec champ d'épandage et utilisation agricole des eaux d'égout, est le meilleur moyen de réaliser l'assainissement d'une ville.

Le système séparé, proposé par M. Aimond dans son premier projet, ne pouvait être admis par la Sous-Commission que dans le cas où il n'eût pas été possible de faire mieux.

En premier lieu, une canalisation séparée n'eût pas dispensé la Ville de faire ultérieurement un réseau d'égouts pour recevoir les eaux pluviales et les eaux souillées de la voie publique ; il n'était pas admissible, en effet, qu'elle pût laisser indéfiniment ces eaux s'écouler par les ruisseaux et par la surface des rues ; il en résulte de trop sérieux inconvénients pour la circulation par les temps de grandes pluies ou de grands froids ; on en a eu la preuve pendant le dernier hiver, où la glace, étalée dans toutes les rues sur de larges surfaces, sans qu'il fût possible d'en effectuer l'enlèvement, rendait la circulation des plus difficiles.

D'autre part, ainsi que nous l'avons fait remarquer précédemment, les eaux pluviales, lorsqu'elles ont lavé la voie publique, ne sauraient être considérées comme inoffensives ; elles sont souillées par les poussières, par les déjections des animaux, par tous les détritus jetés dans les rues ; elles sont, par conséquent, chargées de matières organiques et de germes infectieux ; continuer à les déverser en Seine, c'eût été ne résoudre qu'à moitié le problème de l'assainissement.

Heureusement, la possibilité d'admettre les eaux pluviales dans la canalisation a été reconnue par les Membres les plus compétents de la Sous-Commission et par M. Aimond lui-même, qui, dans le cours de la discussion, n'a pas hésité à déclarer que, dans le cas où il serait chargé de l'entreprise et de l'exploitation du système, il se ferait fort d'en assurer le fonctionnement dans ces conditions.

## CHAPITRE VII.

### Programme des travaux.

Nous pouvons maintenant passer à l'exposé du programme des travaux, dans lequel nous avons établi les divisions suivantes :

1° Champs d'épandage ;

2° Conduites d'évacuation et usines élévatoires ;

3° Traversée de la Seine ;

4° Canalisation ;

5° Aménagement de la maison pour l'adaption au *tout à l'égout*.

#### 1° *Champs d'épandage.*

Il a été reconnu qu'il n'était pas possible de trouver, le long des bords de la Seine, en aval, des terrains présentant les conditions requises pour l'épuration et l'utilisation agricole des eaux d'égout.

On ne trouve, en effet, dans cette direction que des prairies situées à une cote trop faible et, par conséquent, submersibles ; ou bien, si l'on se porte à un niveau plus élevé, ce sont des terrains ayant une grande valeur et trop rapprochés de centres habités.

On trouve, par contre, des terrains convenables, assez éloignés des habitations et largement suffisants comme superficie, soit en amont, entre Saint-Etienne-du-Rouvray et Oissel, soit au sud-ouest de Rouen, au-dessus du Petit-Quevilly.

Les terrains d'Oissel, proposés par M. Gogeard, sont situés à droite et à gauche de la ligne du chemin de fer de Paris à Rouen. Dans la partie située entre la voie ferrée et la Seine, ces terrains sont à un niveau généralement assez bas.

M. Gogeard pensait trouver les 300 hectares reconnus nécessaires entre les cotes 5 et 9 ; mais la Sous-Commission n'a pas cru devoir accepter une cote aussi basse ; elle a décidé qu'il faut une couche filtrante d'au moins 2 mètres d'épaisseur ; or, si l'on tient compte, en même temps que de cette condition, des crues de la Seine et des hautes mers qui arrivent périodiquement, on ne trouve plus de ce côté de la voie ferrée, qu'une surface d'environ 100 hectares, laquelle ne suffirait pas pour l'utilisation agricole de la totalité des eaux d'égout de la ville.

Il faudrait alors chercher le complément nécessaire de l'autre côté de la voie ; la surface ne fait pas défaut, mais le niveau est plus élevé et voisin de la cote 20.

Les terrains d'Oissel ont été étudiés sur place par une délégation de la Sous-Commission.

De l'examen de leur nature et du résultat des forages exécutés en plusieurs points, il résulte que ces terrains sont composés de cailloux siliceux et de sable, recouverts d'une mince couche de terre végétale ; l'argile alluvionnaire ne se trouve que dans des parties situées à un niveau plus bas et en dehors des surfaces à utiliser.

Les terrains d'Oissel présentent donc toutes les qualités requises pour servir à l'épandage.

Les terrains situés au sud-ouest de Rouen, au-dessus du Petit-Quevilly et de la route de Caen, dans le voisinage du rond-point de Sainte-Lucie, sont proposés par M. Aimond. Leur altitude est plus élevée que celle des terrains d'Oissel ; elle varie entre 15 et 45 mètres.

Ce sont des terrains sablonneux et pauvres, tout à fait aptes à la filtration et à l'utilisation agricole des eaux d'égout. On y trouve largement la superficie nécessaire.

En résumé, si l'on excepte les parties basses des terrains d'Oissel, dont il est possible de se passer, on peut admettre que les terrains d'Oissel et ceux du rond-point de Sainte-Lucie présentent, au point de vue de l'épandage, des qualités à peu près égales.

La Sous-Commission s'est abstenue intentionnellement de choisir entre ces deux emplacements, pour les motifs suivants :

D'une part, il est préférable de laisser à la Ville ou à son concessionnaire le choix de la solution la plus avantageuse au point de vue de la dépense, puisque ce choix est indifférent au point de vue de l'hygiène.

D'autre part, il serait imprudent de faire connaître à l'avance les terrains choisis, parce que la spéculation ne manquerait pas de s'y porter.

Contrairement à une opinion exprimée par M. Gogeard, la Sous-Commission a été d'avis qu'il importe que, dès le début des travaux, la Ville ait la certitude de pouvoir disposer, au moment voulu, de la totalité des terrains nécessaires pour assurer largement l'épuration de toutes ses eaux d'égout, afin d'éviter de se mettre à la merci des propriétaires.

### 2° *Conduites d'évacuation et usines élévatoires.*

Ainsi qu'on vient de le voir, une partie des terrains utilisables auprès d'Oissel se trouve à une cote assez basse pour qu'il soit possible d'y envoyer les eaux d'égout par simple gravitation, à condition que, à l'origine de la conduite d'évacuation, ces eaux soient réunies, par des forces naturelles ou mécaniques, à un niveau assez élevé pour parcourir la conduite dans des conditions convenables d'écoulement.

Grâce à l'altitude de certains quartiers de la ville (les coteaux, suivant l'expression de M. Gogeard), les eaux provenant de ces quartiers pourraient, à l'aide de collecteurs spéciaux, gagner, par le seul effet de la pesanteur, l'origine de la conduite d'évacuation.

Pour amener également au niveau de cette conduite les eaux des quartiers bas, il faudra les élever au moyen de machines; mais la hauteur d'élévation sera peu considérable.

3

Ce système est séduisant ; par contre, il présente plusieurs inconvénients.

La conduite d'évacuation pour les terrains d'Oissel n'aura pas moins de dix kilomètres de longueur. En raison de sa pente nécessairement faible, elle devra avoir une grande section pour fournir le débit voulu.

Elle sera donc coûteuse, bien qu'elle n'ait pas à supporter de bien fortes pressions.

En outre, la Sous-Commission n'ayant admis la possibilité de l'emploi des terrains bas que pour une surface d'une centaine d'hectares, il faudra, pour faire l'épandage de la totalité des eaux, avoir une usine de relais pour refouler les eaux en excès sur les terrains situés au-delà de la ligne du chemin de fer, entre la voie ferrée et la forêt du Rouvray ; il faudra, de plus, une seconde conduite d'évacuation d'environ 2,500 mètres de longueur.

L'usine de relais n'aura pas besoin, peut-être, de fonctionner d'une manière continue ; elle occasionnera néanmoins une dépense annuelle assez importante et des frais sérieux de premier établissement.

L'élévation des eaux des quartiers bas de la rive droite et de la rive gauche nécessite déjà deux usines ; si, conformément au désir de la Sous-Commission, on assainit aussi l'île Lacroix, il faudra encore une usine de plus, et enfin une usine de relais ; au total, quatre usines.

Tel est le système proposé dans le projet de M. Gogeard.

Un autre système consiste à réunir toutes les eaux de la ville (rive droite, rive gauche, île Lacroix) sur un seul point, le plus bas, pour les évacuer ensuite par refoulement.

Une seule usine et une seule traversée de la Seine peuvent alors suffire, à la condition que le lieu choisi pour la concentration de la totalité des eaux soit placé sur la rive gauche.

Ce système offre aussi l'avantage de laisser une plus grande latitude dans le choix des terrains, qui peuvent être pris à une cote plus élevée.

Par contre, il nécessite l'élévation de la totalité des eaux et n'utilise pas la gravitation pour évacuer celles des coteaux.

C'est le système proposé par M. Aimond.

Dans son projet, c'est dans le bas de la rue Jean-Rondeaux que viennent converger toutes les eaux d'égout; là, une usine de refoulement les prend et les envoie sur les terrains situés au rond-point dé Sainte-Lucie; seulement, pour éviter de soumettre la conduite à de trop fortes pressions, l'élévation des eaux est fractionnée au moyen d'une usine de relais établie vers le bois de Cany.

Ces deux systèmes, bien qu'ils emploient des moyens un peu différents, sont à peu près équivalents et également acceptables au point de vue de l'hygiène.

Toutefois, celui de M. Aimond est plus simple, en ce sens qu'il ne nécessite que deux usines, dont une seule située dans l'intérieur de la ville; encore celle-ci sera-t-elle placée dans un quartier reculé où la population est peu dense et ne paraît pas avoir beaucoup de chances de le devenir davantage. Or, à divers points de vue, sans compter celui de la dépense, qui peut donner matière à discussion, il importe de ne pas trop multiplier le nombre des usines.

Il est difficile de faire une comparaison précise des deux systèmes, au point de vue des dépenses.

Toutefois, il faut considérer que, dans le projet de M. Gogeard, les dépenses devront être augmentées dans une proportion sérieuse, si ce projet est complété et modifié de manière à satisfaire aux conditions suivantes, reconnues nécessaires par la Sous-Commission :

1° L'assainissement de l'île Lacroix;

2° L'établissement d'une usine de relais sur les terrains d'Oissel;

3° La nécessité de recourir, soit à une passerelle, soit à un siphon, pour la traversée de la Seine, la pose de conduites d'évacuation sur le pont Corneille ayant été, ainsi que nous le verrons dans le chapitre suivant, reconnue impraticable.

Les conduites d'évacuation devant, en tout état de cause et quels que soient les terrains choisis pour l'envoi des eaux, supporter d'assez fortes pressions, il sera nécessaire, pour écarter les chances de rupture, de les établir en fonte et non en béton.

Si l'on fait choix des terrains d'Oissel, la conduite devra être placée au voisinage de la Seine, pour que, en cas de rupture, les eaux puissent s'écouler dans le fleuve.

Si l'on adopte au contraire les terrains situés au rond-point de Sainte-Lucie, l'élévation des eaux sera fractionnée par l'établissement d'une usine de relais, ainsi que l'a prévu M. Aimond dans son deuxième projet, et la conduite sera placée dans un égout, afin que, dans le cas de rupture, les eaux puissent retourner dans un grand collecteur.

### 3° *Traversée de la Seine.*

L'évacuation des eaux d'égout de la rive droite nécessite la traversée de la Seine.

Il paraît très-difficile, pour ne pas dire impossible, de se servir, pour cette traversée, du pont Corneille. Des conduites d'eau et de gaz occupent déjà la place sous les trottoirs ; la canalisation ne pourrait être placée que sous la chaussée, et, même en réduisant les diamètres, il serait sans doute nécessaire d'entamer la chape et même l'appareil.

Le pont n'est pas de construction bien récente, et il n'est pas certain qu'il puisse s'y prêter sans inconvénient.

En présence de ces difficultés, la Sous-Commission a jugé qu'il y avait lieu d'étudier d'autres moyens : la construction d'une passerelle ou bien un siphon sous la Seine.

Dans une de ses séances, elle s'est prononcée, à la majorité des Membres présents, pour la traversée au moyen d'une passerelle à établir en amont du pont Corneille.

Cette passerelle supporterait les conduites et servirait en même temps au passage des piétons, et, en échange de cet avantage, la Ville aurait à contribuer aux frais d'établissement.

L'opinion personnelle des Rapporteurs n'est pas favorable à cette solution.

Pour supporter le poids considérable de la canalisation remplie d'eau, ce n'est pas une passerelle qu'il faudrait, mais un véritable pont établi dans des conditions de grande résistance. Même si la Ville consentait à prendre part à la dépense dans une proportion importante, ce serait toujours une solution coûteuse.

D'autre part, la traversée par une passerelle ou plutôt par un pont laisse subsister la nécessité d'une usine élévatoire sur la rive droite et d'une autre usine pour l'île Lacroix; or, ainsi que nous l'avons vu précédemment, il importe de réduire le nombre des usines au strict nécessaire.

A tous les points de vue, la traversée par siphon est plus avantageuse et plus économique. Le siphon est un moyen bien connu aujourd'hui et qui ne laisse aucune prise aux mécomptes; une fois monté sur berge et lesté, il peut être mis à l'eau en quelques jours. Le siphon sera immergé dans les deux petits bras de la Seine en amont du pont Corneille, c'est-à-dire en un point du fleuve où la navigation maritime n'existe plus; il sera placé en contre-bas du fond du fleuve et entouré d'une couche épaisse de béton; il n'aura donc pas à craindre d'être détérioré ou déplacé par les ancres des navires.

En outre, le siphon sera double dans chaque bras du fleuve afin d'éviter l'interruption du service en cas de fuite ou de rupture.

Telles sont les raisons sur lesquelles les Rapporteurs se sont basés pour donner la préférence à l'emploi du siphon pour la traversée de la Seine, système proposé par M. Aimond dans son deuxième projet.

### 4° Canalisation.

La canalisation suivant le trajet des voies publiques, on retrouve à peu près le même tracé dans les divers projets.

Le développement des voies publiques classées dépasse à Rouen 160 kilomètres.

Il n'y a actuellement que 42 kilomètres d'égouts environ, mais il s'en faut qu'ils soient tous utilisables; M. Aimond ne croit pas qu'il soit possible d'en utiliser, après réfection, plus de 28 kilomètres.

Dans le projet de M. Gogeard, il est prévu, pour la mise en état de ces égouts, principalement en ce qui concerne la forme des radiers, une somme de 190,000 francs

Les deux projets demandent le complément de canalisation nécessaire à de nouveaux égouts ou à des tuyaux en grès ou en béton.

Sans entrer dans une étude détaillée du réseau, la Sous-Commission a donné les indications suivantes relatives à l'établissement de la canalisation :

Deux grands collecteurs seront construits le long des quais, l'un sur la rive droite, l'autre sur la rive gauche; ces collecteurs seront maçonnés et auront des dimensions suffisantes pour être facilement visitables et curables.

Les anciens égouts ne seront utilisés que lorsqu'ils auront été rendus étanches et qu'on les aura garnis d'un radier curviligne en mortier de ciment.

Les canalisations devront être faites en tuyaux de grès vernissé, de préférence au béton, si ce n'est pour les conduites de grande section, qu'il sera peut-être préférable, dans certaines voies à déterminer, de faire en béton, par suite de la difficulté de se procurer de bons tuyaux en grès vernissé lorsque le diamètre doit dépasser 50 centimètres. Dans tous les cas où l'on aura recours au grès vernissé, on ne devra faire usage que de tuyaux de première qualité et de provenance française.

Afin de pouvoir desservir les sous-sols et les immeubles placés en contre-bas de la voie publique, les canalisations devront être placées à une profondeur de 3 mètres, à moins d'impossibilité absolue.

Dans la partie de la ville située sur la rive droite de la Seine, un grand nombre de rues ayant une forte pente, M. Gogeard propose, dans son projet, d'utiliser l'excès de charge des égouts à pente rapide pour accélérer la vitesse d'écoulement dans les égouts à faible pente, qui sont généralement ceux des rues transversales; dans ce but, il fait passer les eaux d'égout alternativement d'une rue perpendiculaire à la Seine dans une rue transversale, et ainsi successivement, jusqu'à l'arrivée au collecteur.

C'est le système en zigzag ou en lacet.

Il est d'ailleurs bien entendu qu'il ne doit pas y avoir d'interception dans les égouts à pente rapide, mais seulement une sorte d'éperon immédiatement au-dessous de chaque ouverture de communication avec une canalisation transversale; il importe en effet que, dans le cas d'une grande affluence d'eau, celle-ci puisse suivre simultanément les deux voies.

M. Aimond, au contraire, fait aboutir tous les égouts des rues à faible pente à ceux des rues à pente rapide; les eaux de ces derniers vont directement de leur point initial au collecteur des quais sans pénétrer dans les égouts des rues à faible pente; ces derniers sont d'ailleurs partagés en tronçons d'une faible longueur, et chacun d'eux est pourvu à son point d'origine d'un réservoir de chasse automatique.

Le système en lacet a été appliqué à Bruxelles, où, d'après les renseignements qui nous ont été adressés par la Municipalité de cette ville, il fonctionne d'une manière satisfaisante.

Il conviendra d'y avoir recours autant que possible; mais il ne faudrait cependant pas qu'il fût appliqué indistinctement partout; on devra éviter en particulier de faire passer les eaux d'un égout à grande section dans des canaux de petit diamètre.

En procédant autrement, on s'exposerait, d'une part, à voir par des temps de grandes pluies les petites canalisations fonctionner comme conduites forcées et occasionner des refoulements dans l'intérieur des habitations; d'autre part, à voir ces canalisations s'engorger par l'accumulation des sables et des débris solides qui pourraient s'y introduire.

Les rivières de Robec et d'Aubette, qui sont actuellement de véritables égouts à ciel ouvert, attendu qu'elles reçoivent les eaux ménagères et les matières de vidange de toutes les habitations riveraines, devront en être complètement affranchies.

Les propriétaires riverains devront être mis en demeure de se raccorder à la canalisation dès que le système sera mis en état de fonctionner.

L'Aubette et Robec ne devront pas non plus recevoir le trop-plein des égouts avoisinants, cette mesure pouvant exposer à des inondations dans les parties basses de la ville, en cas de forts orages ou de pluies persistantes.

Par contre, rien n'empêchera d'y faire des prises d'eau pour le lavage des canalisations.

Il ne paraît nécessaire, au point de vue de l'assainissement, ni de canaliser ni de voûter ces deux cours d'eau, ainsi que la proposition en a été faite dans le projet de M. Gogeard ; on ne voit pas, en effet, quels seraient les avantages de ces mesures, dont l'exécution serait difficile et nécessiterait des dépenses relativement considérables.

Ces rivières, une fois affranchies de toute cause de souillure pendant leur parcours dans la ville de Rouen, celle-ci sera fondée à demander que des mesures soient prises par les localités situées en amont et principalement par la Ville de Darnétal, pour qu'elles ne soient pas non plus souillées avant leur entrée sur le territoire de Rouen.

Des déversoirs devront être établis sur les collecteurs des quais, afin de rejeter directement en Seine l'excès d'eau provenant des pluies exceptionnelles.

Cette idée de déversoirs en Seine a soulevé des protestations et des critiques non justifiées ; on a prétendu qu'on enverrait ainsi à la rivière des matières excrémentitielles pendant au moins 50 jours par an ; que ce n'était plus, par conséquent, que l'hypocrisie *du tout à l'égout*, et que les champs d'épandage n'étaient plus qu'un trompe-l'oeil.

Il est bon, nous semble-t-il, de voir les choses avec un peu plus de calme.

Les déversoirs ne seront, en réalité, que des soupapes de sûreté et n'auront à fonctionner que d'une manière tout à fait exceptionnelle, c'est-à-dire dans le cas de pluies torrentielles ; or, les pluies torrentielles ne sont pas communes, même à Rouen.

Il est bon de faire remarquer que, d'autre part, au moment où les déversoirs commenceront à fonctionner, toute la canalisation, tous les égouts, auront été préalablement lavés à fond par le torrent d'eau de pluie qui les aura parcourus, de telle sorte que les eaux déversées à la rivière ne seront plus souillées que par une quantité extrêmement minime de matières impures.

La souillure, en tous cas, ne peut pas être mise en balance avec celle qui résulterait du déversement permanent en Seine de toutes les eaux qui ont lavé la voie publique, si l'on appliquait le système de la double canalisation.

L'île Lacroix et le quartier d'Eauplet devront être reliés à la canalisation générale.

Si l'on accepte, ainsi que nous l'avons proposé, la traversée de la Seine au moyen d'un siphon, celui-ci pourra recevoir au passage les eaux de l'île Lacroix, sans qu'une usine spéciale soit nécessaire; il en sera de même des eaux du quartier d'Eauplet, qui seront amenées à l'origine du siphon, en face de la rue Armand-Carrel, par un collecteur placé, soit dans les propriétés privées qui bordent la rive droite de la Seine, soit sur la berge même du fleuve.

### 5° *Aménagement de la maison pour l'adaptation au « tout à l'égout ».*

Dans toute maison où devra être appliqué le *tout à l'égout*, il sera nécessaire d'installer une canalisation spéciale raccordée à celle de la voie publique par un branchement de maison.

L'aménagement sera fait de manière à satisfaire aux conditions suivantes :

1° Assurer l'évacuation rapide à l'égout de la rue des déjections provenant des cabinets d'aisances et des eaux ménagères de la maison ;

2° Assurer le nettoyage efficace de toutes les conduites, y compris le branchement lui-même ;

3° Empêcher le reflux, dans l'intérieur de l'habitation, des émanations ou des gaz délétères qui pourraient accidentellement se produire, soit dans la canalisation spéciale, soit dans les égouts.

L'emploi de réservoirs de chasse permet d'obtenir la rapidité de l'évacuation et le nettoyage des conduites ; l'adaptation de siphons à tous les tuyaux de chute s'oppose au reflux des émanations et des gaz dans l'intérieur de l'habitation.

Les conduits d'évacuation devront tous être faits en grès vernissé, en plomb ou en fonte ; en aucun cas, on ne devra se servir de tuyaux en poterie simple ou même vernissée, matière dont la solidité et l'étanchéité ne sont jamais bien sûres.

Les tuyaux de chute des cabinets d'aisances, des éviers, des vidoirs, des écuries, etc., devront tous être pourvus d'un siphon à plongée suffisante (0,07 centimètres au moins) ayant pour résultat d'intercepter, d'une manière absolue, toute communication entre l'atmosphère intérieure et celle des conduits d'évacuation.

Tous les tuyaux de chute devront être prolongés et ouverts au dessus du toit, afin de garantir contre la tension des gaz qui pourraient refluer dans l'intérieur de l'habitation en traversant l'eau contenue dans les siphons.

Pour plus de sûreté, le branchement de la maison devra lui-même être pourvu d'un siphon avant son raccordement à l'égout de la rue.

Dans chaque cabinet d'aisances, un réservoir de chasse, d'une contenance de 5 à 10 litres, alimenté par les eaux de la ville, sera placé à une certaine hauteur au-dessus du siège.

Ce réservoir se vidant tout d'un coup, soit à volonté, soit par un mécanisme automatique, aura pour effet de diluer et d'entraîner les matières contenues dans la cuvette, de renouveler l'eau du siphon et d'opérer le nettoyage du tuyau de chute.

Les tuyaux de chute des cabinets d'aisances ne devront pas avoir plus de $0^m 16$ de diamètre : des tuyaux d'un diamètre supérieur seraient moins bien nettoyés par les chasses d'eau.

Les tuyaux de chute actuellement existants pourront être conservés à la condition qu'ils aient été reconnus étanches et en bon état, mais il sera nécessaire d'y adapter des siphons.

Les tuyaux de chute des eaux pluviales viendront se raccorder au branchement de la maison ; il ne sera pas nécessaire d'y adapter des siphons.

Des regards de visite seront ménagés de 10 en 10 mètres sur les canalisations à faible pente de l'intérieur de la maison et sur le branchement lui-même.

A dater du moment où sera réalisée l'adaptation de la maison au *tout à l'égout*, les fosses d'aisances et les bétoires qui s'y trouvent devront être soigneusement vidées et désinfectées ; celles d'entre elles qui seront reconnues étanches pourront être conservées pour servir à d'autres usages, à la condition d'être revêtues d'un enduit imperméable.

Les bétoires et fosses non étanches devront être comblées.

---

## CHAPITRE VIII

### Adduction de l'eau dans la maison.

L'adaptation de la maison au *tout à l'égout* implique presque forcément l'abonnement aux eaux de la ville, par suite de la nécessité de faire fonctionner les réservoirs de chasse des cabinets d'aisances.

Il en résultera pour la Compagnie des eaux l'obligation de se mettre en mesure de satisfaire aux demandes d'abonnement qui lui seront adressées.

Actuellement, sur 13,000 mètres cubes d'eau de source arrivant par jour dans les réservoirs, la Ville en prend pour sa part 10,000 mètres cubes pour les services municipaux ; il ne reste donc que 3,000 mètres cubes à la Compagnie pour satisfaire aux demandes d'abonnements.

Cette quantité serait tout à fait insuffisante si elle n'était pas augmentée dans une forte proportion.

Il est certain tout d'abord que la Ville, sur les 10,000 mètres cubes qu'elle s'est réservés, pourra en rétrocéder une bonne part à la Compagnie le jour où, les rues n'étant plus souillées par l'envoi des eaux ménagères aux ruisseaux et le dépôt des ordures sur la voie publique, il ne sera plus nécessaire de faire une aussi grande consommation d'eau pour l'entretien de la propreté de la rue.

En outre, les 2,000 mètres cubes que donne en moyenne par jour la source Saint-Jacques de Darnétal pourront être utilisés.

Enfin, si cela ne suffit pas, il existe encore à proximité de Rouen quelques autres sources dont la possession mettra la Compagnie fermière en mesure de satisfaire à toutes les demandes d'abonnement, ainsi qu'elle y est obligée par les clauses de son cahier des charges.

L'eau ne manquera donc pas.

Pour ne pas imposer de trop fortes dépenses aux propriétaires des immeubles d'une minime valeur, il sera nécessaire de rendre les abonnements moins onéreux.

La Ville a entre les mains les moyens d'obtenir ce résultat : elle peut, en premier lieu, faire l'abandon d'une partie de ses bénéfices dans l'exploitation des eaux, ce qui permettra d'abaisser les tarifs actuellement en vigueur ; comme le nombre des abonnements et, par suite, la consommation d'eau, seront augmentés dans une proportion considérable, il est probable que les bénéfices perçus par la Ville resteront encore plus élevés qu'ils ne le sont actuellement.

En second lieu, il sera nécessaire d'obtenir un abaissement du minimum auquel la Compagnie fermière consent à recevoir des abonnements ; il importe, en effet, que les propriétaires ou locataires ne soient pas obligés, comme actuellement, de contracter des abonnements pour des quantités d'eau excédant de beaucoup leurs besoins.

On pourrait enfin imiter l'exemple de certaines Villes qui livrent aux particuliers les compteurs au prix de fabrique, et les font ainsi bénéficier des remises faites aux Compagnies.

## CHAPITRE IX

Propreté de la voie publique. — Ordures ménagères.
Transport et dépôts des ordures ménagères.
De leur utilisation.

Notre programme d'assainissement nous semblerait incomplet si nous laissions de côté l'étude des moyens de réaliser la propreté de la voie publique, que nous considérons comme une des conditions importantes de la salubrité des villes.

Rouen est resté jusqu'à ce jour très-mal partagé à ce point de vue ; la propreté de ses rues laisse beaucoup à désirer, pour deux raisons principales qui sont : la liberté laissée aux habitants de déposer les ordures ménagères sur la voie publique, et, dans le plus grand nombre des rues, l'écoulement des eaux ménagères au ruisseau.

Les inconvénients du dépôt des ordures ménagères sur la voie publique ont été tant de fois signalés qu'il nous paraît bien inutile d'y revenir.

Ces inconvénients ne cesseront complètement que le jour où l'Administration municipale se décidera à prendre un arrêté pour interdire ce dépôt d'une manière absolue, en imposant aux propriétaires ou locataires l'obligation de faire usage de récipients pour recevoir les ordures ménagères de la maison.

Ces récipients (boîtes Poubelle) devraient être de préférence en métal galvanisé, afin d'en rendre le nettoyage et la désinfection faciles ; ils seraient pourvus d'anses, et leur contenance ne devrait pas dépasser 50 litres, afin qu'il ne soit pas trop difficile d'en opérer le déchargement sur les tombereaux.

Il serait prescrit de les placer, le matin et quelque temps seulement avant le passage des tombereaux, le long du mur de la maison ou sur le bord du trottoir ; la vidange en serait opérée par les hommes chargés de l'enlèvement des ordures ; il serait nécessaire, soit d'affecter deux hommes à chaque tombereau, soit d'employer des tombereaux de forme basse, si l'on veut qu'un homme seul puisse suffire au service.

La seule objection sérieuse qu'on ait faite à l'adoption, pour la ville de Rouen, de la boîte Poubelle, est la suivante :

Dans certains quartiers habités par des ouvriers, les propriétaires ou locataires partent de bonne heure pour se rendre à leur travail ; il ne reste personne à la maison pour rentrer les boîtes après le passage du tombereau ; il en résulte que ces boîtes, séjournant jusqu'au soir devant la maison, seraient fort exposées à être détériorées ou volées.

Dans le but d'éviter cet inconvénient, M. Gogeard avait proposé l'adoption de loges sous trottoirs, où les boîtes seraient renfermées après que le bannelier en aurait opéré la vidange à son passage ; mais cet expédient est lui-même passible de critiques sérieuses.

Il n'est pas douteux, en effet, que ces loges, par suite de la difficulté d'en opérer le nettoyage, deviendraient promptement une source d'infection et de mauvaises odeurs. Pour les rendre acceptables, il faudrait leur donner la disposition suivante :

La loge serait raccordée soit à l'égout de la rue, soit au branchement de la maison par un branchement spécial ; elle présenterait, à la profondeur voulue, un simple rebord sur lequel porterait le fond du récipient à ordures ; elle serait recouverte d'une plaque de tôle mobile sur charnière et fermant à clef.

Cette disposition ferait disparaître toute cause de mauvaises odeurs, en permettant le nettoyage facile de la loge.

Nous croyons néanmoins devoir insister pour que, dans le cas où ce système serait adopté, on n'en généralise pas l'emploi ; on ne devra y avoir recours que lorsqu'il ne sera absolument pas possible de faire autrement. Dans tous les autres cas, les boîtes devront être simplement déposées le long du mur de façade de la maison ou sur le bord du trottoir.

Les rues ou les sections de rues dans lesquelles les loges seraient reconnues nécessaires pouvant être de celles qui, actuellement, sont dépourvues d'égouts, il y aurait lieu de prendre des mesures transitoires pour donner aux loges en question la meilleure disposition possible en attendant la construction d'un égout.

L'écoulement des eaux ménagères se fait actuellement au ruisseau dans toutes les rues dépourvues d'égouts, et l'on sait qu'elles sont de beaucoup les plus nombreuses ; cet écoulement au ruisseau est une des causes principales de la malpropreté des rues de la ville, et c'est une cause d'autant plus puissante que, beaucoup de rues ayant une pente très-faible ou même presque nulle, les eaux sales restent stagnantes dans le ruisseau et s'infiltrent entre les pavés ; il faut ajouter que les caniveaux, par lesquels les maisons écoulent leurs eaux ménagères, sont d'une construction si défectueuse qu'il est impossible de les laver à fond et d'en extraire la vase infecte qui s'y accumule.

Ces caniveaux disparaîtront lorsque le déversement des eaux ménagères se fera directement à l'égout ; il n'y a donc pas à se préoccuper de les améliorer.

Il n'en est pas de même des ruisseaux : après l'établissement du *tout à l'égout*, ils ne seront plus parcourus, il est vrai, par les eaux ménagères, mais ils continueront à recevoir les eaux souillées de la voie publique ; il sera, par suite, nécessaire de les rendre étanches en substituant partout au pavage, qui constitue encore aujourd'hui, dans le plus grand nombre des rues, le sol des ruisseaux, un dallage en granit avec joints cimentés.

L'obligation de faire usage de la boîte Poubelle et la défense de déposer les ordures ménagères sur la voie publique étant indépendantes des grands travaux d'assainissement dont il a été question précédemment, nous pensons que rien ne s'oppose à ce que ces mesures soient mises en vigueur à bref délai et sans attendre l'exécution de ces travaux.

*Transport et dépôts des ordures ménagères.*
*De leur utilisation.*

Les Municipalités des grandes villes éprouvent souvent de sérieuses difficultés à trouver des adjudicataires pour effectuer l'enlèvement des ordures ménagères.

Les gadoues constituent cependant, d'après les nombreuses analyses qui en ont été faites, un engrais précieux ; leur pouvoir fertilisant, dû à l'azote et à l'acide phosphorique qu'elles contiennent dans de fortes proportions, est à peu près l'équivalent de celui du fumier de ferme.

Si le placement en est parfois difficile, cela tient tantôt à l'ignorance des cultivateurs qui méconnaissent la valeur de cet engrais, tantôt, lorsqu'il faut l'envoyer au loin, à la difficulté et à la cherté des transports ; d'autres fois, enfin, à ce que les ordures n'ont pas été débarrassées des débris qui en rendent l'emploi incommode, tels que morceaux de verre, de poterie, débris de ferraille, chiffons, etc.

Il faut ajouter enfin que les gadoues ne peuvent pas toujours être utilisées immédiatement et en toute saison, d'où la nécessité d'en faire des dépôts où les matières séjournent des mois entiers et entrent en fermentation ; mais ces dépôts, à supposer même qu'ils ne présentent aucun danger pour les habitants du voisinage, ce qui est très-contestable, sont toujours incommodes par les odeurs infectes qui s'en exhalent, et la plupart des Administrations communales, surtout aux abords des grandes villes, les interdisent absolument, et avec raison, sur toute l'étendue de leur territoire. A plus forte raison ne doit-on pas en tolérer la présence dans l'intérieur même des villes.

La difficulté de trouver des adjudicataires pour l'enlèvement des ordures n'existe pas partout en France. Ainsi, celles qui proviennent de la ville de Paris sont achetées par les cultivateurs de la banlieue ou expédiées par chemin de fer ou par bateaux à des distances qui vont, pour le chemin de fer de l'Est, jusqu'à 155 kilomètres ; celles de la ville de Bordeaux sont envoyées par la voie fluviale à une distance de plus de 30 kilomètres.

A Rouen, l'enlèvement des ordures ménagères s'effectue à l'entreprise et coûte à la Ville 69,700 francs par an ; l'adjudicataire trouve des débouchés à de faibles distances ; les gadoues sont en effet utilisées soit par les cultivateurs des communes suburbaines, soit

par les maraîchers, dont un grand nombre sont installés sur le territoire même de la ville.

Tout le monde a pu constater que l'enlèvement est fait à Rouen
d'une manière très-défectueuse; les tombereaux sont en mauvais
état et en nombre insuffisant, de telle sorte que souvent l'opération
n'est pas encore terminée à une heure avancée de la journée; comme
il a fallu les charger outre mesure, ils laissent déborder leur
contenu qui tombe en partie sur la voie publique, tout le long du
trajet qu'ils ont à parcourir; enfin les ouvriers employés à ce
service abandonnent généralement sur le sol une partie des ordures
qu'ils dispersent avec le balai ou poussent dans le ruisseau.

Peut-être la Ville aurait-elle avantage à se charger elle-même du
service de l'enlèvement, ainsi que le fait la Ville de Bordeaux, dont
il nous paraît utile de faire connaître la manière de procéder.

Nous empruntons les renseignements suivants à une intéressante
communication faite au Congrès d'hygiène de Paris (1889) par
M. le docteur Mauriac :

« A Bordeaux, l'enlèvement des ordures est fait en régie par un
personnel municipal.

» Les tombereaux, une fois chargés, se rendent à deux cales
d'embarquement situées sur les bords de la Garonne, l'une en
amont, l'autre en aval.

» Là se fait le triage des débris de verre, de poterie, faïence, os,
chiffons, papiers, etc., dont la Ville se réserve la propriété.

» Les autres produits (gadoues) font l'objet d'une adjudication
publique; le concessionnaire (jusqu'au 31 décembre 1889) achetait
ces produits à la Ville, moyennant un prix annuel de 60,200 francs.

» Une fois le triage fait, les gadoues sont versées, par les soins des
tombeliers, dans des bateaux spéciaux qui les transportent chaque
jour à des lieux de dépôt situés en pleine campagne, sur les bords
de la Dordogne et de l'Isle, à une distance minima de 30 kilomètres
de Bordeaux; là, elles sont achetées par les cultivateurs et employées
comme engrais; le mètre cube ne se vend jamais moins de 4 fr. 50 c.
à 5 francs.

» Le matériel de batellerie appartient à la Ville ; il est loué au concessionnaire moyennant le paiement d'un intérêt annuel, à raison de 5 0/0 de la valeur du matériel.

» La vente des produits du chiffonnage (débris de toute sorte, os, chiffons, etc.) a donné à la Ville, pendant l'année 1886, un produit brut de 46,349 francs.

» Il n'est pas inutile de dire que, jusqu'à présent, aucune épidémie ou maladie contagieuse quelconque n'a atteint le personnel employé à ce triage. »

M. le docteur Mauriac ajoute que la ville de Bordeaux se proposait de faire désormais complètement en régie le service du nettoyage, de se passer d'adjudicataire et de vendre elle-même, directement, tous les détritus et tous les produits du nettoyage de la ville.

Il ne nous appartient pas de décider si, en pareille matière, la régie est pour la Ville de Rouen préférable à l'entreprise ou inversement, mais nous ne pouvons nous dispenser de constater que l'organisation adoptée par la Ville de Bordeaux présente les meilleures conditions possibles de bon fonctionnement.

En effet, les ordures ménagères sont préalablement débarrassées de tous les débris inutiles ou nuisibles, ce qui en rend la vente facile et lucrative. Ces débris sont eux-mêmes vendus et constituent une source de profits pour la Ville. Quant aux ordures, elles sont transportées sur les lieux d'utilisation par la voie fluviale, qui, de toutes, est la plus économique. Les dépôts sont établis à une très-grande distance de la ville et en pleine campagne, de telle sorte qu'ils ne sont pour personne une cause d'incommodité ou de danger.

Nous devons faire remarquer que la Ville de Rouen a, comme celle de Bordeaux, un grand fleuve à sa disposition, et que, par suite, il lui serait possible de faire transporter ses ordures ménagères à de grandes distances et dans des conditions de prix très-avantageuses.

Jusqu'à ces derniers temps, l'Administration municipale donnait à un certain nombre de maraîchers établis dans l'intérieur même de la ville l'autorisation d'avoir, sur leurs terrains, des dépôts de gadoues qui empoisonnaient tout le voisinage de leurs émanations infectes. Ces dépôts existaient surtout à proximité des rues de Lyons-la-Forêt et de Constantine.

Nous avons dit plus haut ce que nous en pensons ; aussi sommes-nous d'avis :

1° Que ces dépôts doivent être désormais interdits dans toute l'étendue du territoire de la ville ;

2° Qu'ils devront être interdits également sur les terrains affectés à l'épuration et à l'utilisation agricole des eaux d'égout.

Il ne faut pas, en effet, qu'on puisse attribuer aux irrigations, qui ne répandent pas de mauvaises odeurs et ne sont pas insalubres, les inconvénients qui résulteraient pour le voisinage de la présence des dépôts de gadoues.

## CHAPITRE X.

### Charges incombant aux particuliers par suite de l'application du « tout à l'égout ».

Le projet d'assainissement dont nous venons de tracer le programme ne manquera pas, sans doute, de soulever des objections de la part des propriétaires, auxquels il imposera des charges nouvelles pour les frais de premier établissement des conduites et appareils nécessaires dans l'intérieur de la maison.

Peut-être se fait-on une idée exagérée de ces charges qui, certainement, seront moins lourdes qu'on ne paraît le croire.

Il faut remarquer, tout d'abord, que, parmi les propriétaires d'immeubles, les seuls qui seraient véritablement fondés à se plaindre sont ceux qu'on a obligés à construire des fosses étanches.

Quant aux propriétaires qui, n'ayant que des fosses à fond perdu, n'ont aucune dépense à faire pour l'entretien de ces fosses et seulement des dépenses insignifiantes pour la vidange, qu'ils ne pratiquent qu'à de très-rares intervalles, ceux-là n'ont vraiment pas le droit de protester; il suffit, pour les en convaincre, de leur rappeler qu'ils vivent depuis plus de trente ans sous un régime de tolérance que l'Administraion peut faire cesser du jour au lendemain, si bon lui semble, de nombreux arrêtés lui donnant le droit de mettre ces propriétaires en demeure de construire des fosses étanches, ce qui leur imposerait des dépenses bien plus considérables que celles qui résulteront de l'adaptation de leurs immeubles au *tout à l'égout*.

Il n'est pas inutile, enfin, de faire remarquer que, si dans les rues où il n'existe pas encore d'égouts, les maisons envoient leurs eaux ménagères soit au ruisseau, soit dans des puisards, un pareil système ne pourra pas être conservé indéfiniment; au fur et à mesure que ces rues seront canalisées, les propriétaires seront tenus de se raccorder à l'égout de la rue pour leurs eaux ménagères; il ne leur en coûterait pas beaucoup plus de s'y raccorder en même temps pour les tuyaux de chute de leurs cabinets d'aisances, sans compter qu'ils y gagneraient sous le rapport de la propreté, de l'absence de mauvaises odeurs et de la salubrité de leurs immeubles.

Dans son deuxième projet, M. Aimond a établi un parallèle entre les dépenses à faire : d'une part, pour l'installation des canalisations et appareils pour le *tout à l'égout* dans des habitations de différents types, en y comprenant l'installation de l'eau de la Ville; d'autre part, pour la construction de fosses étanches.

Il résulte de ses calculs, dont nous devons lui laisser la responsabilité, mais qui nous paraissent établis avec soin, que l'avantage, au point de vue de la dépense, est tout en faveur du système du *tout à l'égout*.

En effet, même pour les propriétaires ayant actuellement des fosses étanches, le total des frais à payer annuellement pour la vidange et l'entretien de la fosse est bien plus élevé que la dépense qu'ils auraient à supporter avec le *tout à l'égout*, y compris l'abonnement à l'eau de la Ville, et la différence est assez considérable pour suffire à l'amortissement, en un petit nombre d'années, du capital que nécessitera l'installation nouvelle.

M. Aimond fait remarquer, d'ailleurs, que le concessionnaire des travaux pourrait se charger de faire pour le compte des propriétaires les frais de ces installations, et qu'il se rembourserait de ses dépenses par le paiement d'une annuité dont le montant serait moindre, en y comprenant le droit de chute (1) et l'abonnement à l'eau de la Ville, que les dépenses annuelles résultant de la vidange augmentées de l'amortissement et de l'entretien d'une fosse étanche.

D'après les évaluations de M. Aimond pour les immeubles qui n'ont ni service d'eau, ni fosse étanche, la charge moyenne annuelle serait d'environ 7 0/0 de la valeur locative, tandis que si les propriétaires de ces immeubles étaient obligés de faire des fosses étanches, cette charge varierait entre 12 et 18 0/0 ; pour les immeubles ayant actuellement la fosse étanche, il y aurait, avec le *tout à l'égout*, une diminution d'un quart dans les charges annuelles.

En résumé, il n'est pas douteux qu'il soit possible, ainsi que l'affirme M. Aimond, d'introduire l'eau pure dans toutes les maisons de la ville de Rouen, d'intercepter toute communication avec l'égout et d'enlever toutes les eaux résiduaires et matières de vidange de la maison, à beaucoup moins de frais dans le système du *tout à l'égout* que dans tout autre.

---

(1) M. Aimond a supposé, pour les droits de chute, des prix un peu moins forts que ceux qui ont été fixés pour la ville de Marseille ; il a supposé, en outre, que ces droits seraient proportionnels à la valeur locative de l'immeuble, ce qui nous paraît être, en effet, le système de taxe le plus rationnel et le plus équitable.

## CHAPITRE XI.

### De l'ordre à suivre pour l'exécution des travaux.

Il n'y aurait aucun avantage à entreprendre simultanément sur tous les points les travaux que nécessitera l'application du *tout à l'égout* à la ville de Rouen.

À quoi servirait-il, en effet, que la canalisation des voies publiques et l'aménagement de la maison fussent faits avant que les collecteurs, les usines et les conduites de refoulement soient eux-mêmes en état de fonctionner, et avant que les terrains d'épandage soient prêts à recevoir les eaux d'égout ?

Pour décider de l'ordre dans lequel devront être exécutés les travaux, il faut tenir compte des considérations suivantes :

Il y a le plus grand intérêt pour la Ville et pour le concessionnaire à ce que, les travaux une fois commencés, le système puisse être mis en fonctionnement dans le plus court délai possible, ne fût-ce que d'une manière partielle.

Il importe, d'autre part, de ne pas imposer aux propriétaires de maisons en cours d'exécution, ou de celles qui seront construites d'ici à quelques années, la dépense de fosses d'aisances qui devront disparaître aussitôt que le système du *tout à l'égout* pourra commencer à fonctionner.

Enfin, un certain nombre de propriétaires ayant été autorisés à raccorder leurs immeubles aux égouts actuellement existants pour y déverser les matières de vidange, il importe de faire cesser le plus tôt possible le déversement de ces matières dans le fleuve.

Pour ces différentes raisons, il nous paraît nécessaire de procéder de manière à assurer avant tout la circulation des eaux d'égout depuis les collecteurs jusqu'aux terrains d'irrigation.

Il faut donc se préoccuper, d'abord : de faire l'acquisition et l'aménagement des terrains ; de construire les conduites d'évacuation et les usines élévatoires, les siphons pour la traversée de la Seine, et les grands collecteurs.

Tous ces travaux pourront être entrepris simultanément.

Quant au réseau de la canalisation urbaine et à l'aménagement des maisons, ces travaux pourront n'être commencés que lorsque ceux dont il vient d'être question seront presque terminés, le raccordement des égouts aux grands collecteurs ne pouvant être fait utilement que lorsque le système sera en état de fonctionner.

---

Depuis que la Sous-Commission a terminé ses travaux, un évènement important s'est produit, qui doit être considéré, pour la Ville de Rouen, comme un encouragement et une garantie : une loi a été promulguée, le 24 juillet 1891, déclarant d'utilité publique l'exécution des travaux d'assainissement de la ville de Marseille.

Or, il n'y a de différence essentielle, entre les travaux d'assainissement de Marseille et les travaux que nous proposons de faire exécuter à Rouen, que celle qui résulte de la destination à donner aux eaux d'égout ; Marseille s'en débarrasse en les jetant à la mer, ce qui est une perte sérieuse, ainsi que nous l'avons surabondamment démontré dans ce rapport, tandis que nous proposons, à Rouen. d'en faire l'utilisation agricole, ce qui nous paraît une solution préférable ; la situation topographique de Rouen n'en permettrait, d'ailleurs, pas d'autre.

Pour tout le reste, il y a, dans les grandes lignes, similitude complète entre le programme des travaux de Marseille et celui dont nous avons fait plus haut l'exposé ; de part et d'autre, c'est le système du *tout à l'égout* complet, avec établissement d'une canalisation recevant les eaux ménagères, les matières de vidange et les eaux pluviales de toutes les maisons, ainsi que les eaux de la voie publique, avec réservoirs de chasse automatiques, grands collecteurs, usines de refoulement, etc.

Le projet d'assainissement de Marseille, avant le vote de la loi, avait reçu l'approbation de la Chambre de commerce, de la Commission des bâtiments civils, du Conseil central d'hygiène du départe-

_(continued)_

ment des Bouches-du-Rhône et du Comité consultatif d'hygiène publique de France.

En outre, un règlement à appliquer aux propriétaires des immeubles desservis par les égouts a été établi par une Commission sanitaire municipale. Ce règlement rend le *tout à l'égout* obligatoire, indique avec précision les mesures hygiéniques qu'il y a lieu d'appliquer dans les habitations, fixe les droits de voirie et la redevance annuelle que chaque immeuble aura à payer afin d'assurer les voies et moyens d'exécution et d'entretien des égouts.

Ce règlement a été approuvé par le Conseil municipal de Marseille et par le Comité consultatif d'hygiène publique de France, auquel il il avait été soumis par le Ministre de l'Intérieur.

Nous émettons le vœu que la Ville de Rouen suive l'exemple que vient de donner celle de Marseille. Le vote de la loi relative à l'assainissement de cette dernière est un précédent que Rouen peut invoquer à bon droit. Les Pouvoirs publics ne se refuseront certainement pas à lui accorder une loi semblable si la Ville présente un programme de travaux basé sur les principes qui ont présidé à l'établissement du projet d'assainissement de Marseille.

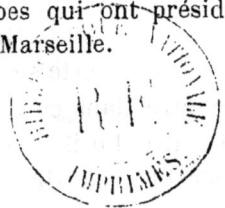

# TABLE DES MATIÈRES

ROUEN. — IMPRIMERIE JULIEN LECERF.

www.ingramcontent.com/pod-product-compliance
Lightning Source LLC
Chambersburg PA
CBHW072016290326
41934CB00009BA/2097